高等院校经济数学系列教材

经济控制论

叶玉全　郭　强　编著

上海财经大学出版社

图书在版编目(CIP)数据

经济控制论/叶玉全,郭强编著. 一上海:上海财经大学出版社,2019.3
高等院校经济数学系列教材
ISBN 978-7-5642-3118-7/F·3118

Ⅰ.①经… Ⅱ.①叶… ②郭… Ⅲ.①经济控制论 Ⅳ.①F224.11

中国版本图书馆 CIP 数据核字(2018)第 218963 号

□ 责任编辑　刘光本
□ 责编电邮　lgb55@126.com
□ 责编电话　021—65904890
□ 封面设计　张克瑶

经 济 控 制 论

叶玉全　郭　强　编著

上海财经大学出版社出版发行
(上海市中山北一路 369 号　邮编 200083)
网　　址:http://www.sufep.com
电子邮箱:webmaster @ sufep.com
全国新华书店经销
上海华业装潢印刷厂印刷装订
2019 年 3 月第 1 版　2019 年 3 月第 1 次印刷

787mm×1092mm　1/16　10.75 印张　173 千字
定价:49.00 元

　　增长和发展是世界经济走向的总趋势,但增长和发展并不是直线的,而是在波动中前进的.因此,研究经济波动与周期问题总是和经济增长与发展问题紧密联系,成为经济学研究的重要课题.经济系统由若干个相互关联、相互制约的经济子系统组成,是一个有特定经济功能的有机整体.经济系统的诸因素中含有大量的难以用确定的量进行描述的变量,对它的认识过程就是从客观中提取信息的过程,呈现有不确定性信息的系统称为不确定性系统.因此,经济系统属于不确定性的复杂大系统.

　　控制论是研究各类系统的调节和控制规律的科学,它分析系统之间的信息交换、反馈调节、自组织、自适应的原理,通过改善系统的行为使系统稳定运行.无论是经济系统还是社会系统,抛开各自的性态特点,都可看作一个自动控制系统.针对经济系统的复杂性和不确定性,经济学家与控制论专家互相学习与合作,将控制论的一般原理与方法应用于对经济系统的运动规律与控制方法的研究,取得了丰硕的成果,并形成了一门新的学科——经济控制论.

　　在研究如何调节控制经济系统的基础上,1956年奥斯卡·兰格系统地论述了经济控制论的概念、方法和理论.经济系统控制论又可分成经济系统论、经济信息论和经济控制论.经济系统论包括经济惯性原理、经济加速度原理、经济内动力原理、经济系统层次原理、经济竞争协合原理和经济承载能力原理.经济控制论的主要内容有经济耦合理论、经济反馈理论、最优控制理论.

　　目前国内出版的经济控制论方面的书籍基本上是按控制论逻辑展开,从控制出发联系经济.本书也是基于控制论基本原理,探讨控制系统在经济中的应用.

　　全书共分为9章,按先离散系统后连续系统展开,同时讨论系统的稳定性和半稳定性.第1章是绪论,介绍经济系统与控制的含义和发展;第2章介绍离散时间动态系统的状态空间模型及其求解方法;第3章介绍连续时间经济系统的状态空间模型及其求解方法;第4章为变分法简介;第5、6章介绍经济系统的稳定性分析以及包含连续平衡点的线性系统的半稳定性分析;第7章介绍动态规划方法求解前文所提出的离散与连续经济系统;第 8 章介绍离散、连续的随机经济系统的应用.第 9 章介绍随机系统最优控制.

本书由浅入深地讲解、条理清晰地分析与研究经济控制系统.读懂本书的内容仅要求读者学习过微积分与线性代数的基本知识.

最后要感谢上海财经大学数学学院的支持和帮助,还要感谢刘光本博士的精心工作.

由于水平有限,书中难免存在错误或不妥之处,敬请读者提出宝贵的意见,以便再版时更正.

叶玉全　郭　强

2019 年 3 月

C 目 录
ONTENTS

第 1 章

绪 论

作为本书的开篇,以网上搜索的一些资料对经济学的概念做一简单的介绍,这样有助于理解经济控制理论的作用.

经济学是一门研究人类行为及如何将有限或者稀缺资源进行合理配置的社会科学,原意是家计管理.

亚当·斯密的《国富论》是近代经济学的奠基之作.在亚里士多德时代的观点是:政治学、伦理学、政治经济学三位一体.诺贝尔奖获得者阿马蒂亚·森在《伦理学与经济学》中认为:在很长一段时间内,经济学科曾被认为是伦理学的一个分支.

§1.1 经济学十大原理

原理一:人们面临均衡取舍(people face trade-offs)

天下没有免费的午餐,人们要想得到一种东西都要以放弃另外一种东西为代价——机会成本,即在做出决策时要求我们在一个目标与另一个目标之间有所取舍.

原理二:一种东西的成本是为了得到它而放弃的东西(机会成本)(the cost of something is what you give up to get it)

注：第一原则的意思是，有很多东西你需要去完成，但是条件不允许你将所有东西共同完成. 这时，你就不得不去选择先完成哪个而不是另外的事情. 第二原则中的机会成本指的是当你想要做一件事时，有一件更重要的事情要你去先完成. 那么你没能完成的事情就是你经决定后舍弃的一项，是机会的一种丧失.

原理一说的是一种事实现象，即交替关系普遍存在，这也是原理二的基础. 原理二在原理一基础上进一步延伸，说的是在交替关系中因选择而产生放弃的成本，即为机会成本.

原理三：理性人考虑边际量(rational people think at margin)

"边际量"是指某个经济变量在一定的影响因素下发生的变动量. 经济学家用边际变动(marginal change)这个术语来描述对现有行动计划的微小调整. 边际变动是围绕你所做的事的边缘的调整. 个人和企业通过考虑边际量，会做出更好的决策. 只有行动的边际利益大于边际成本，理性决策者才会采取这项行动.

原理四：人们会对激励做出反应(people respond to incentives)

当政策外部环境改变时，人也会相应调整自己的策略.

由于人们通过比较成本与收益做出决策，所以，当成本或收益变动时，人们的行为也会改变. 就是说，人们会对激励做出反应. 例如，当苹果的价格上升时，人们就决定多吃梨、少吃苹果，因为购买苹果的成本高了. 同时，苹果园主决定雇用更多工人并多摘苹果，因为出售苹果的收益提高了.

对设计公共政策的人来说，激励在决定行为中的中心作用是重要的. 公共政策往往改变了私人行动的成本或收益. 当决策者未能考虑到行为如何由于政策的原因而变化时，他们的政策就会产生他们意想不到的后果.

原理五：贸易使每个人的经济状况变好(trade off can make everyone better)

贸易使每个人可以专门从事自己最擅长的活动. 通过与其他人交易，人们可以按较低的价格买到各种各样的物品.

国家和家庭一样，也从相互交易的能力中获益. 贸易使各国可以专门从事自己最擅长的活动，并享有各种各样的物品与劳务. 日本人和法国人、埃及人与巴西人一样，既是我们的竞争对手，又是我们在世界经济中的伙伴.

原理六：市场通常是组织经济活动的一种好方式(markets are usually a good

way to organize economic activity）

经济学家亚当·斯密（Adam Smith）在他 1776 年的著作《国富论》中提出了全部经济学中最有名的观察结果：家庭和企业在市场上相互交易，它们仿佛被一只"看不见的手"所指引，引出了合意的市场结果. 本书的目的之一就是要解释这只看不见的手如何使市场价格最终趋于均衡价格.

原理七：政府有时候可以改善市场结果（governments can sometimes improve market outcomes）

市场失灵：市场本身有不能有效地配置资源的情况.

市场失灵的情况：外部性、市场势力.

虽然市场通常是组织经济活动的一种好方法，但这个规律也有一些重要的例外. 政府干预经济的原因有两类：促进效率和促进平等. 这就是说，大多数政策的目标不是把经济蛋糕做大，而是改变蛋糕的分割.

看不见的手通常会使市场有效地配置资源. 但是，由于各种原因，有时看不见的手不起作用. 经济学家用"市场失灵"这个词来指市场本身不能有效配置资源的情况，在后面讨论稳定性时对应不稳定情形.

原理八：一国的生活水平取决于它生产商品与劳务的能力（a country's standard of living depends on the ability to produce goods and services）

几乎所有生活水平的变动可归因于生产力的变化.

原理九：政府发行了过多货币时物价上升——通货膨胀（prices rise when the government prints too much money）

在大多数严重或持续的通货膨胀情况下，罪魁祸首总是相同的：货币量的增长. 当一个政府发行了大量本国货币时，货币的价值下降了.

原理十：社会面临着通货膨胀与失业之间的短期选择关系（society faces short-run trade-off between inflation and unemployment）

价格变化具有黏性，当政府减少货币发行量时，价格不会马上变化，但人们的支出数量减少，引起商品和劳务的销售量变化，造成失业.

在经济学家中菲利普斯曲线仍然是一个有争议的问题，但大多数经济学家现在接受了这样一种思想：通货膨胀与失业之间存在短期交替关系.

在后续的章节中我们将讨论该问题.

§1.2 数学与经济学的关联

1.2.1 诺贝尔经济学奖

诺贝尔经济学奖(The Nobel Economics Prize)是瑞典国家银行为纪念阿尔弗雷德·诺贝尔而设立的奖项,也称瑞典银行经济学奖.

经济学奖并非根据阿尔弗雷德·诺贝尔的遗嘱设立的,但在评选步骤、授奖仪式方面与诺贝尔奖相似. 从 1968 年起,奖项由瑞典皇家科学院每年颁发一次,颁奖遵循对人类利益做出最大贡献的原则. 1969 年(瑞典国家银行成立 300 周年庆典时)第一次颁奖,由挪威人弗里希(Ragnar Frisch)和荷兰人扬·廷贝亨(Jan Tinbergen)共同获得.

自 1969 年初次颁发以来,诺贝尔经济学奖委员会共颁奖 49 次,其中 25 次是单独获奖,18 次是双人获奖,6 次是三人共分诺贝尔经济学奖.

最年轻的诺贝尔经济学奖获奖者是肯尼斯·J. 奥沃罗(Kenneth J. Arrow),于 1972 年荣获诺贝尔经济学奖,时年 51 岁. 而最年长的诺贝尔经济学奖获奖者是里奥尼德·霍洛沃兹(Leonid Hurwicz),2007 年他获得诺贝尔经济学奖时,已九十高龄. 他也是所有诺贝尔奖获奖者中最年长的.

第一位女性获奖者:艾利诺尔·奥斯图尔曼(Elinor Ostrom)在 2009 年获得诺贝尔经济学奖,她是迄今为止唯一一位获得诺贝尔经济学奖的女性.

兄弟二人先后获奖:詹·廷伯根(Jan Tinbergen)和尼克拉斯·廷伯根(Nikolaas Tinbergen)兄弟二人分别于 1969 年和 1973 年获得诺贝尔经济学奖.

夫妻双双获奖:贾纳尔·马尔德尔(Gunnar Myrdal)和阿尔瓦·马尔德尔(Alva Myrdal)夫妇分别于 1974 年和 1982 年获奖.

诺贝尔经济学奖的奖章正面是诺贝尔本人的头像,写有"瑞典国家中央银行纪念阿尔弗莱德·诺贝尔 1968",背面则是银行的标志.

迄今已经有 79 位杰出经济学家获此殊荣. 研究宏观经济学领域的诺贝尔经济学

奖获奖者最多,共有 9 位. 其中有数学背景的达 40 多人. 获奖成果几乎都用到了数学工具,有一半以上的获奖者是具有深厚数学功底的经济学家,极少数本身就是著名数学家,如 1975 年获奖的苏联数学家康托洛维奇,以及 1983 年获奖的美国数学家德布洛(Gerard Debreu),还有 1994 年获奖的美国数学家纳什(John F. Nash),在 2000 年电影《美丽心灵》获得奥斯卡奖后,人们更是认为诺贝尔经济学奖就是颁发给数学家的. 从诺贝尔经济学奖的历史看,可以感受到数学在经济中的地位和作用.

当代西方经济学家认为,经济学的基本方法是建立数学经济模型,分析各变量之间的函数关系,从中引申出经济原理和理论,进行分析与预测. 经济学与数学是密不可分的.

在近两三百年内,数学成为经济学大厦的支柱,任何一项经济学的研究与决策几乎都离不开数学的运用. 数学是一门严谨的学科,其严谨的思想在追求精确和理性的经济学中占据重要的地位.

1.2.2　数学与经济学的辩证关系

经济学从它诞生到发展的不同阶段,数学都起着重要作用. 数学的引入使经济学研究方法更加清晰、精确、严密. 另外,数学方法和数学语言只是研究经济问题的一种工具,而采用语言文字的表述研究同样是经济学研究的一种重要形式. 我们应辩证地看待数学与经济学的关系. 数学方法的应用得当可以加速经济学的发展.

§1.3　一般均衡理论

一般均衡理论(General Equilibrium Theory)也称一般均衡分析(General equilibrium analysis),是微观经济学的一个分支,寻求在整体经济的框架内解释生产、消费和价格. 一般均衡是指经济中存在着这样一套价格系统,它能够使:

(1)每个消费者都能在给定价格下提供自己所拥有的生产要素,并在各自的预算限制下购买产品来达到自己的消费效用最大化.

(2)每家企业都会在给定的价格下决定其产量和对生产要素的需求,来达到其利润的极大化.

（3）每个市场都会在这套价格体系下达到总供给与总需求的相等（均衡）. 当经济具备上述条件时，就是达到一般均衡，这时的价格就是一般均衡价格.

一般均衡是经济学中局部均衡概念的扩展. 在一个一般均衡的市场中，每个单独的市场都是局部均衡的.

一般均衡的目标是经济效率最优，即经济福利最优.

一般均衡理论是 1874 年法国经济学家瓦尔拉斯（Walras）在《纯粹经济学要义》（The mere economics to justice）一书中首先提出的，经希克斯、萨缪尔森、阿罗、德布鲁等人延伸和完善.

1.3.1　瓦尔拉斯的一般均衡理论

瓦尔拉斯认为，整个经济处于均衡状态时，所有消费品和生产要素的价格将有一个确定的均衡值，它们的产出和供给将有一个确定的均衡量.

瓦尔拉斯一般均衡需要以下几个假设：

（1）市场的参与者拥有关于市场的完全信息；

（2）经济中不存在不确定因素，不会因为预防不测而贮藏货币；

（3）不存在虚假交易，所有的交易都是在市场均衡价格形成时达成；

（4）经济系统是个"大经济"，即有足够多的参与者，从而符合"无剩余条件".

瓦尔拉斯体系的问题是明显的. 我们知道，要决定 n 个未知数，至少需要 n 个方程，但是 n 个方程未必决定 n 个未知数. 同时，瓦尔拉斯体系不能排除唯一的均衡解包括零价格（免费物品）和负价格的情况，因此瓦尔拉斯体系必须包括所有物品，而不仅仅是正常的经济物品.

一般均衡理论后来由帕累托（Pareto）、希克斯（Hicks）、诺伊曼（Ronald Neumann）、萨缪尔森（Samuelson）、阿罗（Arrow）、德步鲁（De-breu）及麦肯齐（McKenzie）等人加以改进和发展，这些经济学家利用集合论、拓扑学等数学方法，在相当严格的假定条件下证明：一般均衡体系存在着均衡解，而且这种均衡可以处于稳定状态，并同时满足经济效率的要求.

1.3.2　希克斯的短期均衡分析

希克斯将均衡定义为："当经济中的所有个体从多种可供选择的方案中挑选出他

们所偏爱的生产和消费的数量时,静态经济(在其中需求不变,资源也不变)就处于一种均衡状态. 这些可供选择的(方案)部分决定于外在约束,更多的是决定于其他个体的选择."希克斯认为,他的静态均衡概念有两个特点:一是一定存在着向均衡方向变动的趋势;二是收敛于均衡的速度是极快的.

希克斯是在一个很短的时期中处理均衡问题的,他借助了马歇尔的方法,并且通过扩大马歇尔假定的范围进一步缩小经济主体的选择空间.

1.3.3 阿罗—德布鲁的一般均衡理论

一般均衡是指经济中存在着这样一套价格系统,它能够使每个消费者都能在给定价格下提供自己所拥有的生产要素,并在各自的预算限制下购买产品来达到自己的消费效用极大化.

阿罗—德布鲁用数学模型证明了一般均衡. 阿罗—德布鲁对一般均衡理论存在性的证明主要依存于两个假设:消费与生产集合都是凸集,每个经济主体都拥有一些由其他经济主体计值的资源,因此,这种均衡的整体稳定性取决于某些动态过程,这些过程保证每个经济主体都具有总需求水平知识,并且没有一项最终交易实际上是按非均衡价格进行的,这当中的某些假定也许可以放松,以适应少数行业中的规模报酬递增甚至所有行业卖方垄断竞争的度量. 不过,寡头垄断的存在否决了所有一般均衡解.

阿罗—德布鲁(Arrow-Debreu)一般均衡理论,主要是为了研究竞争的市场均衡. 它的一个主要假设,也是新古典经济学的一个基本假设,将市场制度安排作为外生给定. 一般均衡理论经过阿罗、德布鲁和哈恩等人运用数学形式加以描述,变得更加完善.

在瓦尔拉斯—阿罗—德布鲁一般均衡理论中,货币的存在仅仅是为了便利生产和交换的进行,货币是可有可无的. 该理论由瓦尔拉斯创立,再由阿罗和德布鲁进一步完善,并被希克斯、萨缪尔森等人加以运用.

根据新古典一般均衡的概念,当经济主体在给定偏好、技术和商品所有权的情况下实现最优时,"不存在使价格发生变动的机制". 新古典的框架要求在其他条件给定的情况下,经济主体只对价格的变动反应.既然价格不变动,也就不存在均衡的变动.

1.3.4　格朗蒙的短期一般均衡理论

20 世纪七八十年代法国经济学家格朗蒙(Grandmont)试图将阿罗—德布罗(Arrow-Debreu)模型动态化,发展了短期一般均衡理论.

1.3.5　巴廷金的一般均衡理论

巴廷金 1956 年发表了其著名的代表作《货币、利息与价格》(Money, Interest and Prices).他根据凯恩斯的收入支出理论,采用宏观分析的方法,以表示财富存量对消费支出影响的实际余额效应(Real Balance Effect)为核心,对货币在所谓静态一般均衡与动态一般均衡中的作用问题进行了系统的分析;通过融合传统的货币理论与价值理论和凯恩斯效应等,建立了一个所谓反映"货币经济"的宏观动态一般均衡学说.

§1.4　经济控制论

经济控制论模型是应用经济控制论和现代控制理论对宏观经济系统进行辨识和估计而建立的模型,通过计算机仿真运行来实现宏观经济系统的最优控制或次优控制.经济控制论模型是从宏观经济系统总体出发,利用经济控制论以及输入、输出、反馈、协调、优化等基本概念建立的宏观经济系统的数学模型.它为宏观经济系统的最优控制提供了新的思想和工具.

1.4.1　经济控制论发展概况

"经济控制论"这一名词是 1952 年在巴黎召开的世界控制论大会上首次提出的.1954 年美国数学家 R. S. 菲利普斯开始用二阶常微分方程描述宏观经济系统,并讨论了系统的开环控制和闭环控制问题,采用 PID 控制原理来改善经济政策的稳定性.20 世纪 50 年代中期,美国 H. A. 西蒙等人研究了宏观经济的最优控制问题.20 世纪 50 年代末,波兰科学院应用控制理论的方法建立国民经济计划系统模型.从 1960 年起,出版了许多有关经济控制论的著作,如美国 J. W. 福雷斯特的《工业动力学》《城市动力学》《系统动力学》,波兰学者 O. 隆盖的《经济控制论导论》,罗马尼亚经济学家

M. 曼内斯库的《经济控制论》等,建立了许多经济控制论模型,并相继出现了许多经济控制论的研究机构. 例如,美国哈佛大学 R. 多贝尔和何毓琦合作建立了经济控制论模型.

1972 年,美国在普林斯顿成立了第一个随机控制和经济研究小组,邹至庄和 M. 阿申斯任主席. 英国、日本、苏联等国也相继成立了类似的研究机构. 中国从 20 世纪 70 年代末到 80 年代初,将经济控制论应用于制定区域的经济、能源、农业等规划.

1.4.2　经济控制系统的特点

建立经济控制论模型要赋予各种控制概念以明确的经济意义,其中最主要的原因是:

(1)宏观经济系统经常受到人和经济现象不确定因素的制约,它本质上是一个随机的非线性系统. 若将其线性近似,有时有很大误差,甚至导致经济振荡.

(2)辨识和建模数据大多是周期采样取得的,可供利用的资料不充分,可靠性程度低,在多数情况下有严重的噪声干扰.

(3)宏观经济系统属于大系统范畴,一般难以准确地分解,各子系统的强耦合往往造成数学处理上的困难.

(4)宏观经济的最优控制受到决策人和系统分析人员主观因素的影响,不同人员可能对同一系统得出截然不同的结论.

(5)描述系统的数学模型常常包括几百甚至成千上万个数学方程.

第 2 章

离散经济系统及其求解

§2.1　差分方程与 Z 变换

对一般的线性差分方程,我们没有有效的方法给出通解中那些线性无关的解,甚至连一个解的表达式都无法得到.本书我们只对常系数线性齐次差分方程给出解的表达式.假设 n 阶常系数线性差分方程为

$$Ly=(E^n+p_1E^{n-1}+\cdots+p_{n-1}E+p_nI)y(k)=q(k),\qquad(2.1)$$

其中,$p_j(j=1,2,\cdots,n)$ 为常数,$q(k)$ 为已知函数,E 是位移算子:$Ey(k)=y(k+1)$. 我们把方程(2.1)的求解分为两步:第一步是求齐次方程

$$Ly=(E^n+p_1E^{n-1}+\cdots+p_{n-1}E+p_nI)y(k)=0\qquad(2.2)$$

的通解,第二步是求原方程(2.1)的一个特解.在本章的第三部分,我们介绍 Z 变换法求解差分方程.

2.1.1　常系数线性齐次差分方程的解

由于齐次方程(2.2)的系数都是常数,我们猜想 $y(k)=r^k$ 是它的解.将 $y(k)=r^k$

代入方程(2.2),整理后得到

$$\varphi(r)=r^n+p_1r^{n-1}+\cdots+p_{n-1}r+p_n=0. \tag{2.3}$$

上式给出的方程 $\varphi(r)=0$ 称为(2.2)的特征方程,(2.2)的解与特征方程的根有密切的关系.

下面介绍利用 Casorati 矩阵判定差分方程的基本解组的方法.

设 n 阶齐次差分方程为

$$y(k+n)+p_1y(k+n-1)+\cdots+p_ny(k)=0. \tag{*}$$

若方程(*)的 n 个解 $y_1(k),y_2(k),\cdots,y_n(k)$ 线性无关,则称其为方程(*)的一组基本解组.

方程(*)等价于以下形式:

$$\begin{bmatrix} y(k+n) \\ y(k+n-1) \\ y(k+n-2) \\ \vdots \\ y(k+2) \\ y(k+1) \end{bmatrix} = \begin{bmatrix} -p_1 & -p_2 & \cdots & -p_{n-2} & -p_{n-1} & -p_n \\ 1 & 0 & \cdots & 0 & 0 & 0 \\ 0 & 1 & \cdots & 0 & 0 & 0 \\ \vdots & \vdots & \ddots & \vdots & \vdots & \vdots \\ 0 & 0 & \cdots & 1 & 0 & 0 \\ 0 & 0 & \cdots & 0 & 1 & 0 \end{bmatrix}$$

$$\begin{bmatrix} y(k+n-1) \\ y(k+n-2) \\ y(k+n-3) \\ \vdots \\ y(k+1) \\ y(k) \end{bmatrix} \triangleq A_n \begin{bmatrix} y(k+n-1) \\ y(k+n-2) \\ y(k+n-3) \\ \vdots \\ y(k+1) \\ y(k) \end{bmatrix}.$$

假设 $y_1(k),y_2(k),\cdots,y_n(k)$ 为方程(*)的解,将其代入方程(*)可得:

$$C(k+1)\triangleq \begin{bmatrix} y_1(k+n) & y_2(k+n) & \cdots & y_n(k+n) \\ y_1(k+n-1) & y_2(k+n-1) & \cdots & y_n(k+n-1) \\ \vdots & \vdots & \ddots & \vdots \\ y_1(k+1) & y_2(k+1) & \cdots & y_n(k+1) \end{bmatrix}$$

$$=A_n \begin{bmatrix} y_1(k+n-1) & y_2(k+n-1) & \cdots & y_n(k+n-1) \\ y_1(k+n-2) & y_2(k+n-2) & \cdots & y_n(k+n-2) \\ \vdots & \vdots & \ddots & \vdots \\ y_1(k) & y_2(k) & \cdots & y_n(k) \end{bmatrix},$$

称 $C(k+1)$ 为 Casorati 矩阵.

可以证明: $y_1(k),y_2(k),\cdots,y_n(k)$ 是方程(2.2)的基本解组的充要条件是 $\exists k_0$,使得 $det(C(k_0)) \neq 0$.

事实上,设 $a_1 y_1(k)+a_2 y_2(k)+\cdots+a_n y_n(k)=0$,则有

$$a_1 y_1(k+1)+a_2 y_2(k+1)+\cdots+a_n y_n(k+1)=0,$$

$$\cdots\cdots$$

$$a_1 y_1(k+n-1)+a_2 y_2(k+n-1)+\cdots+a_n y_n(k+n-1)=0,$$

从而有

$$Y(k)\xi=0,$$

其中,

$$Y(k)=\begin{bmatrix} y_1(k) & y_2(k) & \cdots & y_n(k) \\ y_1(k+1) & y_2(k+1) & \cdots & y_n(k+1) \\ \vdots & \vdots & \ddots & \vdots \\ y_1(k+n-1) & y_2(k+n-1) & \cdots & y_n(k+n-1) \end{bmatrix}, \quad \xi=\begin{bmatrix} a_1 \\ a_2 \\ \vdots \\ a_n \end{bmatrix},$$

利用齐次线性方程组的解的判定定理即证.

情形 1 特征方程(2.3)有 n 个互不相等的实根: $r_1,r_2,\cdots,r_n$. 齐次方程(2.2)的基本解组为

$$y_1(k)=r_1^k, y_2(k)=r_2^k, \cdots, y_n(k)=r_n^k.$$

代入直接验证它们是方程(2.2)的解. 这一组解的 Casorati 行列式为在 $k=0$ 时为一个 Vandermonde 行列式

$$\det(C(0))=\begin{vmatrix} 1 & 1 & \cdots & 1 \\ r_1 & r_2 & \cdots & r_n \\ \vdots & \vdots & & \vdots \\ r_1^{n-1} & r_2^{n-1} & \cdots & r_n^{n-1} \end{vmatrix}=\prod_{1<i<j<n}(r_j-r_i).$$

当特征方程(2.3)的这 n 个根互不相同时,它的值非零.所以,$y_1(k)=r_1^k$,$y_2(k)=r_2^k,\cdots,y_n(k)=r_n^k$ 就是齐次方程(2.2)的基本解组.

情形 2　特征方程(2.3)仅有 $s<n$ 个互不相等的实根:$r_1,r_2,\cdots,r_s$.此时,$y_1(k)=r_1^k,y_2(k)=r_2^k,\cdots,y_s(k)=r_s^k$ 是齐次方程(2.2)的解.但这些解只有 $s<n$ 个,无法组成齐次方程(2.2)的基本解组.我们需要另外找到与这 s 个解线性无关的 $n-s$ 个解,以构成它的基本解组.

设 $r_j(j=1,2,\cdots,s)$ 是特征方程(2.3)的 m_j 重根,则特征方程可以写为

$$\varphi(r)=(r-r_1)^{m_1}(r-r_2)^{m_2}\cdots(r-r_s)^{m_s}=0.$$

齐次方程 $Ly=0$ 相应地可以写为

$$Ly(k)=(E-r_1I)^{m_1}(E-r_2I)^{m_2}\cdots(E-r_sI)^{m_s}y(k)=0.$$

当 r_j 是 $\varphi(r)=0$ 的 m_j 重根时,r_j^k 是方程 $(E-r_jI)^{m_j}r_j^k=0$ 的解.注意到任何两个解的线性组合仍然是齐次方程的解,方程的重根 r_j 可以看作另一个根 r 无限趋于 r_j 时的极限.估计极限 $\lim\limits_{r\to r_j}(r^k-r_j^k)/(r-r_j)=kr_j^{k-1}$ 是方程的解,代入验证,确认 kr_j^{k-1} 是方程的解.一般地,线性算子 L 和微分算子 d^m/dr_j^m 可以交换次序,$d^mLr_j^k/dr_j^m=L(d^mr_j^k/dr_j^m)=0$.所以,估计 $d^mr_j^k/dr_j^m$ 可能是解.代入后验证知,当 r_j 是特征方程的 m_j 重根时,$d^mr_j^k/dr_j^m(1\leqslant m\leqslant m_j)$ 确实是方程 $Ly(k)=0$ 的解.于是,对特征方程的 m_j 重根

$$r_j,r_j^k,kr_j^{k-1},\frac{k(k-1)}{2!}r_j^{k-2},\cdots,\frac{k(k-1)\cdots(k-m_j+2)}{(m_j-1)!}r_j^{k-m_j+1}$$

是方程的解.

下面说明这 m_j 个解是线性无关的.事实上,这 m_j 个解在 $k=0$ 时的 Casorati 行列式的值为

$$\det(C_j(0))=\begin{vmatrix} 1 & 0 & 0 & \cdots & 0 \\ r_j & 1 & 0 & \cdots & 0 \\ r_j^2 & 2r_j & 1 & \cdots & 0 \\ \vdots & \vdots & \vdots & & \vdots \\ r_j^{m_j-1} & \dfrac{m_j-1}{1!}r_j^{m_j-2} & \dfrac{(m_j-1)(m_j-2)}{2!}r_j^{m_j-3} & \cdots & 1 \end{vmatrix}=1\neq0.$$

所以，这 m_j 个解是线性无关的.

最后，这样得到的属于特征方程的不同特征值的解的组合就是齐次方程的基本解组.(2.2)的通解的表达式为

$$y(k) = \sum_{j=1}^{s} \left(c_{j,0} r_j^k + c_{j,1} r_j^{k-1} + \cdots + c_{j,m_j-1} \frac{k(k-1)\cdots(k-m_j+2)}{(m_j-1)!} r_j^{k-m_j+1} \right),$$

在这种情况下，(2.2)的通解更简单的表达形式为

$$y(k) = \sum_{j=1}^{s} r_j^k (c_{j,0} + c_{j,1} k + c_{j,2} k^2 + \cdots + c_{j,m_j-1} k^{m_j-1}).$$

情形 3　特征方程(2.3)有一对共轭复根：$r_1 = \alpha + i\beta, r_2 = \alpha - i\beta$. 此时，$y_1(k) = r_1^k = (\alpha + i\beta)^k, y_2(k) = r_2^k = (\alpha - i\beta)^k$ 是齐次方程(2.2)的解. 利用复数的性质，将 $\alpha + i\beta$ 表示为 $\rho e^{-i\theta}$. 齐次方程的两个解为

$$y_1(k) = (\alpha + i\beta)^k = \rho^k (\cos(k\theta) + i\sin(k\theta)),$$
$$y_2(k) = (\alpha - i\beta)^k = \rho^k (\cos(k\theta) - i\sin(k\theta)).$$

利用线性齐次方程解的性质得，$y_1(k)$ 和 $y_2(k)$ 的线性组合 $\overline{y_1}(k) = \rho^k \cos(k\theta)$ 和 $\overline{y_2}(k) = \rho^k \sin(k\theta)$ 都是齐次方程的解. $\overline{y_1}(k)$ 和 $\overline{y_2}(k)$ 都是实函数，我们就用 $\overline{y_1}(k)$ 和 $\overline{y_2}(k)$ 来作为齐次方程基本解组中的两个解函数.

2.1.2　常系数线性非齐次差分方程

由前面的分析知道，非齐次方程的解就是齐次方程的通解加上非齐次方程的特解. 齐次方程的通解我们已经解决，关键就是求非齐次方程的一个特解. 非齐次方程的解一般通过待定系数法或常数变易法得到. 待定系数法相对简单，本节主要介绍此方法.

定义 2.1.1　设 $N(E)$ 是位移算子 E 的多项式，如果 $N(E)g(k) = 0$，则称 $N(E)$ 为 $g(k)$ 的零化算子.

例如，$E-3$ 是 3^k 的零化算子，事实上，$(E-3)3^k = E(3^k) - 3^{k+1} = 3^{k+1} - 3^{k+1} = 0$. 又因

$$(E^2 + 1)\cos\frac{k\pi}{2} = E^2 \cos\frac{k\pi}{2} + \cos\frac{k\pi}{2}$$

$$= \cos\frac{(k+2)\pi}{2} + \cos\frac{k\pi}{2}$$

$$= -\cos\frac{k\pi}{2} + \cos\frac{k\pi}{2} = 0,$$

则 E^2+1 是 $\cos(k\pi/2)$ 的零化算子。

求非齐次差分方程特解的一种思路就是利用零化算子将非齐次方程化为一个高阶的齐次方程. 具体的实施方法是方程 $Ly(k)=q(k)$ 两边同时让 $q(k)$ 的零化算子作用, $N(E)Ly(k)=N(E)q(k)$, 得到齐次方程 $N(E)Ly(k)=0$. 求解这个高阶的齐次方程后, 从而得到原来非齐次方程的解.

齐次方程 $N(E)Ly(k)=0$ 的特征方程为 $\psi(r)\varphi(r)=0$, 其中, $\varphi(r)$ 是由(2.3)定义的多项式, $\psi(r)$ 是由零化算子 $N(E)$ 所决定的. 设 $\varphi(r)=0$ 的根为 $r_j, j=1,2,\cdots,n$, $\psi(r)=0$ 的根为 $u_i, i=1,2,\cdots,m$, 如果 r_j 和 u_i 都不相同, 则非齐次方程的特解的形式由表 2.1.1 给出.

表 2.1.1 r_j 和 u_i 互不相同时非齐次方程的特解的形式

$q(k)$ 的形式	非齐次方程的特解的形式
a^k	$c_1 a^k$
k^m	$c_0 + c_1 k + \cdots + c_{m-1} k^{m-1} + c_m k^m$
$k^m a^k$	$(c_0 + c_1 k + \cdots c_{m-1} k^{m-1} + c_k k^m) a^k$
$\sin k\alpha, \cos k\alpha$	$c_1 \sin k\alpha + c_2 \cos k\alpha$
$a^k \sin k\alpha, a^k \cos k\alpha$	$(c_1 \sin k\alpha + c_2 \cos k\alpha) a^k$
$k^m a^k \sin k\alpha, k^m a^k \cos k\alpha$	$(c_0 + c_1 k + \cdots c_{m-1} k^{m-1} + c_k k^m) a^k \sin k\alpha$ $+ (d_0 + d_1 k + \cdots + d_{m-1} k^{m-} + d_k k^m) a^k \cos k\alpha$

将表 2.1.1 中的形式代入原方程中去, 比较得到这些常数, 就得到了非齐次方程的特解. 如果 r_j 和 u_i 有些相同, 则我们分别求出齐次方程 $Ly(k)=0$ 的解和齐次方程 $N(E)Ly(k)=0$ 的解, 从 $N(E)Ly(k)=0$ 的解中去掉 $Ly(k)=0$ 的解, 将 $Ly(k)=q(k)$ 的解写为这些剩余解函数的线性组合, 代入方程 $Ly(k)=q(k)$, 比较系数确定出这些常数得到非齐次方程的一个解.

例 2.1.1 求差分方程 $y(k+2)+y(k+1)-12y(k)=k \cdot 2^k$ 的通解.

解 齐次方程 $y(k+2)+y(k+1)-12y(k)=0$ 的解为

$$y_c(k) = c_1 3^k + c_2 (-4)^k.$$

注意到$(E-2I)^2$是$k \cdot 2^k$的零化算子，$(E-2I)^2(E^2+E-12I)y(k)=0$的特征方程为$(r-2)^2(r^2+r-12)=0$.

$(E-2I)^2(E^2+E-12I)y(k)=0$的四个线性无关的解是$3^k,(-4)^k,2^k,k2^k$.

其中前两个组成方程$y(k+2)+y(k+1)-12y(k)=0$的基本解组，后两个不是该齐次方程的解. 所以，原方程的解可能是$y_p(k)=c_3 2^k+c_4 k2^k$，将其代入原方程中得到

$$c_3 2^{k+2}+c_4(k+2)2^{k+2}+c_3 2^{k+1}+c_4(k+1)2^{k+1}-12(c_3 2^k+c_4 k2^k)=k2^k.$$

比较系数得到

$$-6c_3+10c_4=0,-6c_4=1.$$

所以

$$c_4=-\frac{1}{6},c_3=-\frac{5}{18}.$$

故原方程的解为

$$y(k)=y_c(k)+y_p(k)=c_1 3^k+c_2(-4)^k-\frac{1}{6}2^k-\frac{5}{18}k2^k.$$

2.1.3 Z 变换法

我们知道，微分方程通过拉普拉斯变换后可以转化为代数方程，从而可以大大简化微分方程的求解. 同样，在差分方程中，我们引入 Z 变换.

定义 2.1.2 设$f(t),t=0,1,2,\cdots$，为一已知的离散时间函数，并规定$f(t)\equiv 0$，当$t<0$时，则称变换

$$Z(f(t))=\sum_{t=0}^{\infty}f(t)z^{-t}=F(z)$$

为$f(t)$的 Z 变换.

常用离散时间函数 Z 变换表

$f(t)$	$Z[f(t)]=F(z)$
1	$\dfrac{z}{z-1}$
$a^t(a\neq 0)$	$\dfrac{z}{z-a}$

t	$\dfrac{z}{(z-1)^2}$
t^2	$\dfrac{z(z+1)}{(z-1)^3}$
$ta^t\,(a\neq 0)$	$\dfrac{az}{(z-a)^2}$
$\sin\omega t$	$\dfrac{z\sin\omega}{z^2-2z\cos\omega+1}$
$\cos\omega t$	$\dfrac{z(z-\cos\omega)}{z^2-2z\cos\omega+1}$
$a^t\sin\omega t$	$\dfrac{za\sin\omega}{z^2-2za\cos\omega+a^2}$
$a^t\cos\omega t$	$\dfrac{z(z-a\cos\omega)}{z^2-2za\cos\omega+a^2}$
$t^n\,(n\ 为正整数)$	$\left(-z\dfrac{\mathrm{d}}{\mathrm{d}z}\right)^n\dfrac{z}{z-1}$
$t^n a^t\,(n\ 为正整数)$	$\left(-z\dfrac{\mathrm{d}}{\mathrm{d}z}\right)^n\dfrac{z}{z-a}$

下面给出 Z 变换的几个基本性质：

性质 1(线性性质)：已知 $Z[f_1(k)]=F_1(z)$，$Z[f_2(k)]=F_2(z)$，$a,b\in R$，则

$$Z[af_1(k)+bf_2(k)]=aF_1(z)+bF_2(z).$$

即两个离散时间函数的线性组合的 Z 变换等于这两个离散时间函数 Z 变换的线性组合.

性质 2(时移性质)：

$Z[f(t+1)]=zZ[f(t)]-zf(0)$,

$Z[f(t+2)]=z^2Z[f(t)]-[z^2f(0)+zf(1)]$,

……

$Z[f(t+n)]=z^nZ[f(t)]-z^n\displaystyle\sum_{k=0}^{n-1}f(k)z^{-k}$，$n=1,2,\cdots$.

性质 3(卷积性质)：

$$Z[f_1(h)*f_2(h)]=F_1(z)F_2(z).$$

性质 4(初值性质)：

$$f(0)=\lim_{k\to 0}f(k)=\lim_{z\to\infty}F(z),$$

$F(z)$ 为 $f(k)$ 的 Z 变换.

性质 5(终值性质)：

$$\lim_{t \to \infty} f(k) = \lim_{z \to 1} [(z-1)F(z)].$$

性质 6(部分和性质)：如果 $Z[f_1(t)] = F_1(z)$，$f(t) = \sum_{i=0}^{t} f_1(i)$，那么

$$Z[f(t)] = \frac{z}{z-1} F_1(z),$$

给定 n 阶的常系数差分方程

$$y(k+n) + p_1 y(k+n-1) + \cdots + p_{n-1} y(k+1) + p_n y(k) = q(k) \qquad (2.4)$$

$$y(0) = y_0, y(1) = y_1, \cdots, y(n-1) = y_{n-1},$$

其中，$p_j (j = 1, 2, \cdots, n)$ 为常数，$q(k)$ 为已知函数.

对方程(2.4)进行 Z 变换，并利用性质 1 和性质 2，得到

$$G(z)Y(z) = \frac{z(1-z^n)}{1-z} y(0) + \frac{z(1-z^{n-1})}{1-z} y(1) + \cdots + zy(n-1) + Q(z) \triangleq U(z)$$

于是 $$Y(z) = \frac{U(z)}{G(z)}$$

其中，$G(z) = z^n + p_1 z^{n-1} + \cdots p_n$，$Q(z) = Z[q(k)]$. 反查 Z 变换表，求出 $Y(z)$ 对应的解 $y(k)$.

例 2.1.2 用 Z 变换法求例 2.1.1 的解.

解 对给定的差分方程进行 Z 变换，考虑到

$$Z(y(k+2)) = z^2 y(z) - z^2 y(0) - zy(1),$$

$$Z(y(k+1)) = zy(z) - zy(0),$$

$$Z(t2^t) = \frac{Zz}{(z-2)^2},$$

得到

$$(z^2 + z - 12)Y(z) = (z + z^2)y(0) + zy(1) + \frac{2z}{(z-2)^2}$$

由此得到

$$Y(z) = \frac{z + z^2}{(z-3)(z+4)} y(0) + \frac{z}{(z-3)(z+4)} y(1) + \frac{2z}{(z-3)(z+4)(z-2)^2}$$

则有，

$$Y(z)=a\,\frac{z}{z-3}+b\,\frac{z}{z+4}+c\,\frac{z}{z-2}+d\,\frac{2z}{(z-2)^2}.$$

反查 Z 变换表,可得

$$y(k)=a\,3^k+b\,(-4)^k+c\,2^k+dk\,2^k,$$

其中,a,b,c,d 为待定常数,初始条件 $y(0)$,$y(1)$确定后,即可确定.

§2.2 离散经济系统模型

在经济统计、计划、管理与调控等经济活动中,经常遇到与时间 t 有关的变量,人们往往只能观察或记录到这些变量在离散的 t 时的值,而一般以年、月、日等时间为计量单位,这时建立的经济系统数学模型为离散时间形式的数学模型.这类数学模型在数学中称为差分方程或差分方程组,而在控制理论中往往将差分方程或差分方程组变形为状态方程(组)和输出方程(组),称为状态空间模型.

2.2.1 微观经济模型

微观经济是指个量经济活动,即单个经济单位的经济活动,是指个别企业、经营单位及其经济活动,如个别企业的生产、供销、个别交换的价格等.微观经济的运行,以价格和市场信号为诱导,通过竞争而自行调整与平衡;而宏观经济的运行,有许多市场机制不能起作用的领域,需要国家从社会的全局利益出发,运用各种手段,进行宏观调节和控制.

宏观经济是指总量经济活动,即国民经济的总体活动,是指整个国民经济或国民经济总体及其经济活动和运行状态(如总供给与总需求),国民经济的总值及其增长速度,国民经济中的主要比例关系,物价的总水平,劳动就业的总水平与失业率,货币发行的总规模与增长速度,进出口贸易的总规模及其变动等.

宏观经济与微观经济是经济活动和经济运行的两个不同层次.宏观经济与微观经济有着密切的联系.微观经济是宏观经济的基础,宏观经济的良好状况是微观经济活动得以顺利进行的必要条件.

社会经济活动本身是一个整体,宏观与微观之间,生产、流通、分配、交换的各个环节之间都是密切联系在一起的. 在社会主义计划经济向市场经济转变过程中,计划和市场是两种不同的经济调节手段. 在现代社会化商品经济条件下,只有合理运用计划与市场这两种配置资源的经济手段,才能更有效地实现社会生产按比例发展. 市场处在更基础的位置,计划则是在市场作用下发挥宏观调节功能和微观指导功能. 只有将计划和市场有机结合,才能推动国家经济持续、快速、健康地发展. 在计划经济向市场经济的过渡时期,国家特别需要用宏观经济法律手段进行调控.

宏观经济是与微观经济相对应的概念. 市场经济中以个人、家庭和企业为单位进行的生产、分配、交换、消费活动即是微观经济. 现代市场经济虽然仍以单个微观经济主体为基本单位,但随着市场规模的不断扩大,商品交换日益发展和生产社会化程度越来越高,经济活动已不再是单纯的个体行为,日益呈现出相互联系、相互影响的整体特征. 个人财富、家庭福利和企业利润的增加,不再单纯取决于自身的努力,必然依赖于整体经济状况,整个经济运行越来越表现出明显的总量、综合和全局性的特征.

假设某商品的需求函数和供给函数分别为

$$D = D(p), \quad S = S(p), \tag{2.5}$$

其中,D、S 和 p 分别为该商品的需求量、供给量和价格,$D(p)$、$S(p)$ 为价格 p 的已知函数. 一般地,对于大多数商品,价格上升(下降),需求量减少(增加),而供给量增加(减少),这表明需求函数 $D(p)$ 为价格 p 的单调减少函数,供给函数 $S(p)$ 为价格 p 的单调增加函数.

使等式

$$D(p) = S(p) \tag{2.6}$$

成立的价格 p(记为 p_e),称为(静态)供需均衡价格,简称为(静态)均衡价格.

以特殊的需求函数、供给函数为例说明均衡价格的求解. 设某商品的需求函数

$$D = a - bp, S = -\alpha + \beta p, \tag{2.7}$$

其中,a,b,α,β 为正的常数.

令 $D = S$,即 $a - bp = \alpha + \beta p$,可求得均衡价格:

$$p_e = \frac{a + \alpha}{b + \beta} \tag{2.8}$$

一般来说,消费者是价格的被动接受者,其需求量为当期实际价格的单调减函

数,而生产者是价格的主动接受者,其供给量不是由当前实际价格决定的,而是由生产者的预期价格决定的.

下面考虑时间变化的需求函数和供给函数,其一般形式为

$$D_t = D(p_t), S_t = S(p_t^*), \tag{2.9}$$

其中,D_t、S_t、p_t 和 p_t^* 分别为某商品 t 期的需求量、供给量、实际价格和生产者的预期价格.

类似于(2.7),此时

$$D_t = a - bp_t, S_t = -\alpha + \beta p_t \tag{2.10}$$

其中,a,b,α,β 为正的常数

常见的预期价格有四种形式[2]:

(1)传统预期

$$p_t^* = p_{t-1},$$

即 t 期预期价格为前期价格.

(2)参照正常价格预期

$$p_t = p_{t-1} + c(p_N - p_{t-1}), 0 \leqslant c < 1,$$

其中,p_N 称为正常价格,通常取 p_N 为静态均衡价格,此时 p_N 满足方程 $D(p_N) = S(p_N)$. 这种预期价格是在前期价格的基础上,根据前期价格偏离正常价格的情况调整本期的预期价格. 前期价格低于正常价格时,本期预期价格上调;反之,则下调.

(3)适应性预期

$$p_t^* = p_{t-1}^* + \delta(p_{t-1} - p_{t-1}^*), 0 < \delta \leqslant 1.$$

这种预期价格是在前期预期价格的基础上,根据前期实际价格与预期价格的偏离情况调整本期的预期价格.

(4)心理预期

$$p_t^* = p_{t-1} + \rho(p_{t-1} - p_{t-2}).$$

这种预期价格是根据前期实际价格和前期实际价格变动的情况,调整本期预期价格. 其中,调节参数 ρ 的符号不定,这反映不同人对市场未来发展趋势所做出的不同心理反应. 当 $\rho > 0$ 时,称为外推预期,它反映对市场价格看涨的人的心理;当 $\rho \leqslant 0$ 时,称为内推预期,它反映对市场价格偏于保守的人的心理.

由上面四种预期价格可以得到相应的四种预期价格模型：

(1)传统预期价格模型

$$\begin{cases} D_t = D(p_t) \\ S_t = S(p_t^*) = S(p_{t-1}). \\ D_t = S_t \end{cases}$$

如果需求函数和供给函数取为线性形式(2.10)，则上面模型变为

$$\begin{cases} D_t = a - bp_t, a > 0, b > 0 \\ S_t = -\alpha + \beta p_{t-1} \\ D_t = S_t \end{cases},$$

于是可得

$$p_{t+1} = \left(-\frac{\beta}{b}\right)p_t + \frac{a+\alpha}{b}, t = 0, 1, 2, \cdots,$$

而动态均衡价格为

$$p_e = \frac{a+\alpha}{b+\beta}.$$

(2)参照正常价格的预期价格模型

$$\begin{cases} D_t = D(p_t) \\ S_t = S(p_t^*) = S(p_{t-1} + c(p_N - p_{t-1})). \\ D_t = S_t \end{cases}$$

如果需求函数和供给函数取为线性形式(2.10)，则上面模型变为

$$p_{t+1} = -\frac{\beta(1-c)}{b}p_t + \frac{1}{b}(a + \alpha - ac\beta p_N), t = 0, 1, 2, \cdots.$$

(3)适应性预期价格模型

$$\begin{cases} D_t = D(p_t) = a - bp_t \\ S_t = S(p_t^*) = -\alpha + \beta p_t^* \\ p_t^* = p_{t-1}^* + \delta(p_{t-1} - p_{t-1}^*), 0 < \delta \leqslant 1 \\ D_t = S_t \end{cases},$$

则上面模型的状态方程为

$$p_{t+1}=\left(1-\frac{(b+\beta)\delta}{b}\right)p_t+\frac{(a+\alpha)\delta}{b},t=0,1,2,\cdots.$$

（4）心理预期价格模型

$$\begin{cases}D_t=D(p_t)=a-bp_t\\S_t=S(p_t^*)=-\alpha+\beta p_t^*\\p_t^*=p_{t-1}^*+\rho(p_{t-1}-p_{t-1}^*)\\D_t=S_t\end{cases},$$

由此可得关于实际价格 p_t 的二阶差分方程

$$p_t+\frac{(1+\rho)\beta}{b}p_{t-1}-\frac{\rho\beta}{b}p_{t-1}=\frac{a+\alpha}{b}.$$

2.2.2　离散时间动态经济系统的状态空间模型

考虑如下宏观经济模型：

$$\begin{cases}D_t=C_t+I_t+G_t\\C_t=0.8Y_t\\I_{t+1}=0.4I_t+\alpha(Y_{t+1}-Y_t)\\Y_{t+1}=Y_t+\beta(D_t-Y_t)\end{cases},\tag{2.11}$$

其中，D_t、C_t、I_t、G_t 与 Y_t 分别为 t 期总需求、消费、投资、政府支出与总供给；α、β 为外生参数，$\alpha>0$、$\beta>0$. 设输入、输出变量分别为

$$u(t)=G_t,y(t)=D_t-Y_t,$$

将该模型化为状态方程与输出方程

$$\begin{cases}I_{t+1}=(0.4+\alpha\beta)I_t-0.2\alpha\beta Y_t+\alpha\beta G_t\\Y_{t+1}=\beta I_t+(1-0.2\beta)Y_t+0.8G_t\end{cases},\tag{2.12}$$

故该模型的状态方程为

$$\begin{pmatrix}I_{t+1}\\Y_{t+1}\end{pmatrix}=\begin{pmatrix}0.4+\alpha\beta&-0.2\alpha\beta\\\beta&1-0.2\beta\end{pmatrix}\begin{pmatrix}I_t\\Y_t\end{pmatrix}+\begin{pmatrix}\alpha\beta\\0.8\end{pmatrix}G(t),$$

输出方程为

$$y(t)=(1\quad-0.2)\begin{pmatrix}I_t\\Y_t\end{pmatrix}+G_t,$$

其中，I_t，Y_t 为状态变量，G_t 为控制变量，$y(t)$ 为输出变量，α、β 为常数.

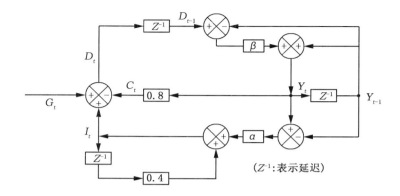

图 2.2.1　系统(2.11)或(2.12)控制框图

Hicks 给出了如下宏观经济模型：

$$
\begin{cases}
Y_t = C_t + I_t + G_t \\
C_t = bY_{t-1}, 0<b<1 \\
I_t = a(Y_{t-1} - Y_{t-2}), a>0
\end{cases}，
$$

其中，Y_t、C_t、I_t 与 G_t 分别为 t 期产出、消费、投资与政府支出. 设 $u(t)=G_t$，$y(t)=Y_t$，$x_1(t)=C_t$，$x_2(t)=I_t$，可将模型转换为状态空间模型.

状态方程为

$$
\begin{pmatrix} C_{t+1} \\ I_{t+1} \end{pmatrix} = \begin{pmatrix} b & b \\ \dfrac{a(b-1)}{b} & a \end{pmatrix} \begin{pmatrix} C_t \\ I_t \end{pmatrix} + \begin{pmatrix} b \\ a \end{pmatrix} G_t，
$$

输出方程为

$$
y_t = (1 \quad 1) \begin{pmatrix} C_t \\ I_t \end{pmatrix} + G_t.
$$

下面给出状态空间模型的一般形式.

一个离散时间动态经济系统化为状态空间模型时，应包括状态方程和输出方程. 状态方程为

$$
x(t+1) = f[x(t), u(t), \omega(t), t], \quad t=0,1,2,\cdots,
$$

输出方程为

$$y(t) = g[x(t), u(t), \omega(t), t], \quad t = 0, 1, 2, \cdots,$$

其中, $x(t)$ 为 n 维状态向量, $u(t)$ 为 m 维控制向量, $y(t)$ 为 r 维输出向量, $\omega(t)$ 为 l 维参考输入或干扰输入向量(有时不出现); $f[\cdot, \cdot, \cdot, \cdot]$ 为已知的 n 维向量函数, $g[\cdot, \cdot, \cdot, \cdot]$ 为已知的 r 维向量函数.

最常见的状态空间模型为线性空间模型:

$$\begin{cases} x(t+1) = A(t)x(t) + B(t)u(t) + E(t)\omega(t) \\ y(t) = C(t)x(t) + D(t)u(t) + F(t)\omega(t) \end{cases},$$

其中, $A(t)$、$B(t)$、$E(t)$、$C(t)$、$D(t)$ 和 $F(t)$ 分别为 $n \times n$、$n \times m]$、$n \times l$、$r \times n$、$r \times m$ 和 $r \times l$ 的已知矩阵.

特别地, 当 $A(t)$、$B(t)$、$E(t)$、$C(t)$、$D(t)$ 和 $F(t)$ 等均为与 t 无关的常数矩阵时, 得到定常线性状态空间模型:

$$\begin{cases} x(t+1) = Ax(t) + Bu(t) + E\omega(t) \\ y(t) = Cx(t) + Du(t) + F\omega(t) \end{cases}.$$

给定一个动态经济系统的数学模型后, 如何将其转化为状态空间模型一般原则或步骤如下[2]:

(1)根据具体经济问题的实际情况, 先确定系统的控制变量和输出变量.

(2)选取状态变量(选法不唯一), 一般根据给定的动态经济系统模型中的几个延迟环节来确定. 一个延时环节状态变量的维数为 1, 若有两个延时环节, 则状态变量的维数为 2, 依次类推.

(3)利用已知动态经济模型构造状态方程和输出方程.

对于一个给定的动态经济系统, 将其转化为状态空间模型时, 虽然输入变量和输出变量的选取相同, 状态变量的维数 n 也相同, 但由于状态变量的选取方法不同, 所得到的状态空间模型的形式是有区别的. 但可以证明, 对于这些不同形式的状态空间模型, 得到的运动结果是相同的. 也就是说, 不同的状态空间模型是等价的, 这可通过状态变量的可逆线性变换予以证明.

2.2.3　离散时间动态经济系统的状态空间模型的求解

考虑某宏观经济的资本形成问题. 设 $x(t)$ 为 t 年年末的固定资产存量, $u(t)$ 为

t 年的投资,则有如下动态资本形成方程:

$$x(t+1)=x(t)-\delta x(t)+\rho u(t+1)+(1-\rho)u(t),$$

其中,δ 为折旧率,ρ 为资本形成系数.

模型的含义是:$t+1$ 年年末的固定资产存量 $x(t+1)$ 等于 t 年年末固定资产存量 $x(t)$ 减去折旧额 $\delta x(t)$,再加上当年投资形成的固定资产 $\rho u(t+1)$ 和上年投资形成的固定资产 $(1-\rho)u(t)$.

对方程两边进行 Z 变换,可得

$$zX(z)-zx(0)=(1-\delta)X(z)+\rho[zU(z)-zu(0)]+(1-\rho)U(z),$$

由此可得

$$X(z)=\frac{\rho z+(1-\rho)}{z-(1-\delta)}U(z)+\frac{z}{z-(1-\delta)}x(0)-\frac{\rho z}{z-(1-\delta)}u(0).$$

再设投资增长率为 α,$0<\alpha<1$,即设

$$u(t)=(1+\alpha)^t u(0),$$

则有

$$U(z)=Z[u(t)]=\frac{z}{z-(1+\alpha)}u(0).$$

于是可得

$$\begin{aligned}X(z)&=\left[\frac{\rho z+(1-\rho)}{z-(1-\delta)}\cdot\frac{z}{z-(1+\alpha)}-\frac{z}{z-(1-\delta)}\right]u(0)+\frac{z}{z-(1-\delta)}x(0)\\&=\frac{(1+\alpha\rho)z}{[z-(1-\delta)][z-(1+\alpha)]}u(0)+\frac{z}{z-(1-\delta)}x(0)\\&=\frac{1+\alpha\rho}{\alpha+\delta}\left[\frac{z}{z-(1+\alpha)}-\frac{z}{z-(1-\delta)}\right]u(0)+\frac{z}{z-(1-\delta)}x(0).\end{aligned}$$

反查 Z 变换表,可得

$$\begin{aligned}x(t)&=\frac{1+\alpha\rho}{\alpha+\delta}[(1+\alpha)^t-(1-\delta)^t]u(0)+(1-\delta)^t x(0)\\&=\frac{1+\alpha\rho}{\alpha+\delta}\left\{(1+\alpha)^t u(0)+(1-\delta)^t\left[\frac{\alpha+\delta}{1+\alpha\rho}x(0)-u(0)\right]\right\}.\end{aligned}$$

一般有 $\frac{1+\alpha\rho}{\alpha+\delta}>1$,$\frac{\alpha+\delta}{1+\alpha\rho}x(0)-u(0)>0$,由此和上式可知固定资产存量的增长率将大于投资增长率.

第 3 章

连续经济系统及其求解

前面章节我们介绍了离散时间系统的处理方法,经济中也有大量的问题是用连续时间系统表示的.本部分我们考虑连续时间系统的处理方法.连续时间动态系统是主要由微分方程来描述的经济数学模型.

经济中涉及大量的微分方程,能够求出显示解的微分方程很少,只有在一些很特殊的情形下才会得到方程的显示解.在得不到显示解的情况下,为了讨论解的性质,需要利用微分系统的定性理论.本章介绍由微分方程描述的动态系统运动分析与稳定性分析,并介绍它们在经济管理中的作用.

§3.1 一阶微分方程的两种解法

3.1.1 积分法

考虑一阶微分方程

$$\frac{dy}{dx} = f(x, y), \tag{3.1}$$

其中, f 是给定的函数.

最简单的一阶微分方程是

$$\frac{dy}{dx} = f(x),\qquad(3.2)$$

它的解可以立即表示为

$$y = \int f(x)dx + c,$$

其中, c 为待定常数, 由初始条件给出. 如果给出初始条件 $y(0) = y_0$, 上面微分方程的解为

$$y(x) = \int_0^x f(t)dt + y(0).$$

一般地, 能够得到显示解的方程有以下几类:

(1) 一阶线性微分方程

一阶线性微分方程的一般形式为:

$$\frac{dy}{dx} + p(x)y = g(x),\qquad(3.3)$$

其中, $p(x)$ 和 $g(x)$ 为给定的函数, 假设初始条件 $y(0) = y_0$ 给定. 在 (3.3) 两边同时乘以积分因子 $\exp\int_0^x p(t)dt$, 这样它可以表示为:

$$\frac{d(y\exp\{\int_0^x p(t)dt\})}{dx} = g(x)\exp\{\int_0^x p(t)dt\}.$$

这样就变成了 (3.1) 形式的微分方程, 通过积分很容易得到显示解.

(2) 可分离变量的微分方程

可分离变量的微分方程可以表示为

$$f(x)dx = g(y)dy.$$

(3) 其他可分离变量或者线性方程的类型

① 贝努利方程的一般形式为

$$\frac{dy}{dx} + yp(x) = y^n g(x),$$

其中, n 为正整数, $p(x)$ 和 $g(x)$ 为给定函数. 在方程两边同时除以 y^n, 得到

$$\frac{1}{1-n} \cdot \frac{dy^{1-n}}{dx} + \frac{p(x)}{y^{n-1}} = g(x),$$

这样就变成了线性方程(3.1)的形式.

②恰当方程

非线性方程组 $M(x,y)+N(x,y)dy/dx=0$,如果存在一个函数 $\varphi(x,y)$,满足 $\varphi_x(x,y)=M(x,y)$,$\varphi_y(x,y)=N(x,y)$,那么我们称这个方程为恰当方程,此时方程的解由 $\varphi(x,y)=c$ 给出.

③齐次方程

我们首先给出齐次函数的定义:

把函数的自变量乘以一个因子.如果此时因变量相当于原来函数乘以这个因子的幂,则称此函数为齐次函数.如果 $f(tx_1,tx_2,\cdots,tx_n)=t^k f(x_1,x_2,\cdots,x_n)$,则称函数 $f(x_1,x_2,\cdots,x_n)$ 为 k 次齐次函数.

非线性方程 $dy/dx=f(x,y)$ 是齐次方程,如果函数 $f(x,y)$ 对于变量是零次齐次的($f(tx,ty)=t^0 f(x,y)$).对于齐次方程的求解,考虑到函数 $f(x,y)$ 对于变量的零次齐次性,引入变换 $y=xv$,则

$$\frac{dy}{dx}=xf(1,v)\equiv xF(v),$$

由于 $\dfrac{dy}{dx}\equiv x\dfrac{dv}{dx}+v$,我们得到 $\dfrac{dx}{x}=\dfrac{dv}{F(v)-v}$,这样就变为分离变量问题.

3.1.2　拉普拉斯变换

高等数学中,通常方法求解高阶微分方程或微分方程组是比较复杂的.在长期解微分方程实践中,人们引入拉普拉斯变换,将微分运算变为代数运算,为解微分方程提供了另一条路径.拉普拉斯变换是一个线性变换,可将一个有参数实数 $t(t\geqslant 0)$ 的函数转换为一个参数为复数 s 的函数.拉普拉斯变换在工程技术和科学研究领域有着广泛的应用,特别是在自动控制系统、可靠性系统以及随机服务系统等系统科学中起着重要作用.

定义 3.1.1　设 $f(t)$ 是时间 t 的函数,且当 $t<0$ 时,$f(t)\equiv 0$,则 $f(t)$ 的拉普拉斯变换定义为:

$$F(s) = \int_0^\infty f(t) \mathrm{e}^{-st} dt. \tag{3.4}$$

例 3.1.2　单位阶跃函数的拉普拉斯变换

$$h(t) = \begin{cases} 1, & t \geqslant 0 \\ 0, & t < 0 \end{cases},$$

则依式(3.4)有

$$F(s) = \int_0^\infty h(t) \mathrm{e}^{-st} dt = \int_0^\infty \mathrm{e}^{-st} dt$$

$$= -\frac{\mathrm{e}^{-st}}{s} \Big|_0^\infty,$$

上式中,s 是一个算子,也可以看作一个复变数,当 s 的实部大于 0 即 Re$s > 0$ 时,$F(s) = 1/s$.

许多常用函数可以用(3.4)拉普拉斯变换的定义求出它们的拉普拉斯变换. 我们通常把时间 t 的函数称为源函数,而把 $F(s)$ 称为象函数,表 3.1.1 列出几种常用函数的拉普拉斯变换,称此表为拉氏变换表.

表 3.1.1　　　　　　　　　　　拉氏变换表

$f(t)$	$F(s)$	$f(t)$	$F(s)$
$\delta(t)$	1	$\sin\omega t$	$\dfrac{\beta}{s^2+\beta^2}$
$h(t)$	$\dfrac{1}{s}$	$\cos\omega t$	$\dfrac{s}{s^2+\beta^2}$
t	$\dfrac{1}{s^2}$	$\mathrm{e}^{at}\sin\omega t$	$\dfrac{\omega}{(s-a)^2+\omega^2}$
t^n	$\dfrac{n!}{s^{n+1}}$	$\mathrm{e}^{at}\cos\omega t$	$\dfrac{s-a}{(s-a)^2+\omega^2}$
e^{at}	$\dfrac{1}{s-a}$	$t\sin\omega t$	$\dfrac{2\omega s}{(s^2+\omega^2)^2}$
$t\,\mathrm{e}^{at}$	$\dfrac{1}{(s-a)^2}$	$t\cos\omega t$	$\dfrac{s^2-\omega^2}{(s^2+\omega^2)^2}$

性质 1　（线性运算的变换关系）

若 $f_1(t), f_2(t)$ 的拉氏变换分别为 $F_1(s), F_2(s)$,则 $f_1(t) + f_2(t)$ 的拉氏变换为 $F_1(s) + F_2(s)$.

性质 2　（源函数微分运算的变换关系）

若 $f(t)$ 的拉氏变换为 $F(s)$，则 $\dfrac{df(t)}{dt}$ 的拉氏变换为 $sF(s)-F(0)$.

性质 3　时域平移定理

若 $f(t)$ 的拉氏变换为 $F(s)$，则 $f(t-a)$ 的拉氏变换为 $\mathrm{e}^{-at}F(s)$.

性质 4　初值定理

$$\lim_{t \to 0} f(t) = \lim_{s \to \infty} sF(s).$$

性质 5　终值定理

$$\lim_{t \to \infty} f(t) = \lim_{s \to 0} sF(s).$$

注：点 $s=0$ 应在 $sF(s)$ 的收敛域内，否则不能用终值定理.

§3.2　连续时间系统与离散时间系统的关系

本节简要叙述连续时间模型与离散时间模型之间的关系. 经济学中，经常遇到各种各样的经济数学模型，既有连续时间模型，也有离散时间模型，甚至对同一经济问题，有人建立的是连续时间模型，而有人建立的则是离散时间模型. 为什么对同一经济问题可用不同的模型来描述呢？ 得出的结论是否会不同呢？

连续时间系统是指由微分方程构成的系统，离散时间系统是指由差分方程构成的模型. 两者的区别在于前者采用微分运算，后者采用差分运算. 在一定的精度范围内，微分运算与差分运算之间是可以互相转化的. 考虑变量 $x(t)$ 的如下运算：

$$\frac{dx}{dt} = u(t), \tag{3.5}$$

根据导数的定义，(3.5)可表示为

$$\lim_{\Delta t \to 0} \frac{x(t+\Delta t)-x(t)}{\Delta t} = u(t). \tag{3.6}$$

也可写成

$$x(x+\Delta t)-x(t) = u(t)+o(\Delta t)$$

当 $\Delta t \to 0$ 时，

$$x(t+\Delta t) \approx x(t)+u(t)$$

那么，Δt 小到什么程度才是"$\Delta t \rightarrow 0$"呢？比如，1 秒钟对经济系统是足够小的，因为在 1 秒钟内国内生产总值等宏观经济变量的变化是不大的．但是，对电脉冲信号来说，1 秒钟内变化 50 次，若取 $\Delta t = 1$ 秒为时间单位，则 1 秒钟就是非常大的数了．因此，Δt 是否足够小，取决于变量 $x(t)$ 变化的快慢程度．国内生产总值等宏观经济变量以年来统计，每年变化仅为百分之几，因此，令 $\Delta t = 1$ 年，相对于 GDP 的变化应是足够小的．于是，由式(3.6)可得

$$x(t+1) - x(t) = u(t), \tag{3.7}$$

这样就将(3.5)的微分运算转化为(3.7)的差分运算．当然，这种转化会产生一定误差，但一般不会影响对问题的分析结果．下面举例说明．

例 3.2.1　考虑连续时间经济增长模型：

$$\begin{cases} Y(t) = \theta K(t) \\ I(t) = \sigma Y(t) \\ dK/dt = I(t) - \delta K(t) \end{cases} . \tag{3.8}$$

其中，$Y(t)$ 为 t 时刻国内生产总值；$K(t)$ 为 t 时刻固定资产存量；$I(t)$ 为 t 时刻固定资产投资；θ 为产出与资本之比，($1/\theta$ 称为资本产出比)；σ 为边际储蓄率，δ 为资本折旧率．

在(3.8)中消去 $Y(t)$ 和 $I(t)$，可得

$$\frac{dK}{dt} = \mu K(t), \mu = \sigma\theta - \delta,$$

于是

$$\begin{cases} K(t) = K(0)e^{\mu t} \\ Y(t) = \theta K(0)e^{\mu t} \\ I(t) = \sigma\theta K(0)e^{\mu t} \end{cases} , \tag{3.9}$$

将 $\frac{dk}{dt} = I(t) - \delta k(t)$ 离散化，并令 $\Delta t = 1$，可得 $k(t+1) - k(t) = I(t) - \delta k(t)$，于是可得(3.8)的离散形式

$$\begin{cases} Y(t) = \theta K(t) \\ I(t) = \sigma Y(t) \\ K(t+1) - K(t) = I(t) - \delta K(t) \end{cases} , \tag{3.10}$$

由此可得一阶差分方程：

$$K(t+1)=(1+\mu)K(t),$$

其解为

$$
\begin{cases}
K(t)=K(0)(1+\mu)^t \\
Y(t)=\theta K(0)(1+\mu)^t. \\
I(t)=\sigma\theta K(0)(1+\mu)^t
\end{cases}
\tag{3.11}
$$

下面考虑连续时间系统(3.8)与离散时间系统(3.10)的经济增长率：对连续时间系统(3.8)

$$
\begin{cases}
\text{GDP 增长率}=\dfrac{1}{Y}\cdot\dfrac{dY}{dt}=\mu \\[2mm]
\text{资本增长率}=\dfrac{1}{K}\cdot\dfrac{dK}{dt}=\mu. \\[2mm]
\text{投资增长率}=\dfrac{1}{I}\dfrac{dI}{dt}=\mu
\end{cases}
\tag{3.12}
$$

对离散时间系统(3.10)

$$
\begin{cases}
\text{GDP 增长率}=[Y(t+1)-Y(t)]/Y(t)=\mu \\
\text{资本增长率}=[K(t+1)-K(t)]/K(t)=\mu. \\
\text{投资增长率}=[I(t+1)-I(t)]/I(t)=\mu
\end{cases}
\tag{3.13}
$$

比较(3.12)和(3.13)可得，连续时间系统与离散时间系统得到的经济增长率是相同的.

§3.3　连续时间经济系统的稳定性

3.3.1　连续时间系统稳定性的定义与判别方法

假定一动态系统由如下微分方程描述：

$$\frac{dx}{dt}=f(x,t),\tag{3.14}$$

其中，$x=x(t)\in\mathbb{R}^n$，$f(x,t)$ 为 x,t 的已知 n 维向量函数.(3.14)的分量形式为

$$\frac{dx_i}{dt} = f_i(x_1, \cdots, x_n, t), i = 1, \cdots, n.$$

定义 3.3.1 设 $\varphi(t) = (\varphi_1(t), \cdots, \varphi_n(t))^T$ 为系统(3.14)在 t_0 时刻取值 $\varphi(t_0) = \varphi_0 (\varphi_0 \in \mathbb{R}^n$，给定)的特解，$x(t) = (x_1(t), \cdots, x_n(t))^T$ 为系统(3.14)在 t_0 时刻取值 $x(t_0) = x_0 (x_0 \in \mathbb{R}^n$，任意给定)的任意解.

(1)如果对任给的 $\varepsilon > 0$，存在正数 $\delta = \delta(\varepsilon, t_0) > 0$，使当 $\| x_0 - \varphi_0 \| < \delta$ 时，恒有

$$\| x(t) - \varphi(t) \| < \varepsilon, \forall t \geqslant t_0,$$

则称系统(3.14)关于特解 $\varphi(t)$ 是李雅普诺夫意义下稳定的，简称系统(3.14)为稳定的.

(2)如果系统(3.14)稳定，且存在 $\delta > 0$，使得当 $\| x_0 - \varphi_0 \| < \delta$ 时，有

$$\lim_{t \to \infty} [x(t) - \varphi(t)] = 0, \tag{3.15}$$

则称系统(3.14)关于特解 $\varphi(t)$ 是局部渐近稳定的，简称系统(3.14)为局部渐近稳定的.

(3)如果系统(3.14)稳定，且对任意初始状态 $x(t_0) = x_0 \in \mathbb{R}$，式(3.15) 皆成立，则称系统(3.14)关于特解 $\varphi(t)$ 是全局(或整体)渐近稳定的，简称系统(3.14)为全局渐近稳定的或渐近稳定的.

与离散系统类似，可以定义系统(3.14)的平衡状态或均衡状态.

定义 3.3.2 如果存在常向量 $x_e \in \mathbb{R}^n$，使得

$$f(x_e, t) = 0$$

对 $t \geqslant t_0$ 恒成立，则称 x_e 为系统(3.14)的一个平衡状态或均衡状态，也称作平衡点或均衡点.

通过变换 $y(t) = x(t) - \varphi(t)$ 或 $y(t) = x(t) - x_e$，可将系统(3.14)关于特解 $\varphi(t)$ 或平衡状态 x_e 的稳定性，归结为零解 $y(t) \equiv 0$ 或零平衡状态 $y_e = 0$ 的稳定性. 因此，通常只讨论系统(3.14)的零解或零平衡状态的稳定性.

3.3.2 连续时间线性系统稳定性的判别

定理 3.3.1 给定连续时间定常线性系统

$$\frac{dx}{dt} = Ax, \tag{3.16}$$

其中,$x = x(t) \in \mathbb{R}^n$,$A$ 为 $n \times n$ 常数矩阵.

设 A 的 n 个特征值为 $s_1, s_2, \cdots, s_n$,则有

(1)系统(3.16)渐进稳定的充分必要条件为:s_i 的实部小于零,即 $\mathrm{Re}(s_i) < 0$,$i = 1, 2, \cdots, n$.

(2)系统(3.16)稳定的充分必要条件为:$\mathrm{Re}(s_i) \leqslant 0$,$i = 1, 2, \cdots, n$,且 $\mathrm{Re}(s_i) = 0$ 的特征值 s_i 为 A 的最小多项式(在 A 的零化多项式中二次数最低的首一多项式)的单根.

(3)如果存在某个特征值 s_i,有 $\mathrm{Re}(s_i) > 0$ 或 $\mathrm{Re}(s_i) = 0$,且 s_i 为 A 的最小多项式的重根,则系统(3.16)不稳定.

通常将特征值实部全为负的矩阵称为稳定矩阵.定理 3.3.1 表明,判定系统(3.16)是否渐近稳定,等价于判定其系统矩阵是否为稳定矩阵,一般来说,直接利用定理 3.3.1 判定系统(3.16)的渐近稳定性是不容易的.为此,下面给出一个常用的定理,它并不要求求出特征值(2)是利用矩阵 A 的特征多项式的系数,直接判定系统(3.16)的渐近稳定性.

设系统矩阵 A 的特征多项式为

$$\det(sI - A) = a_0 s^n + a_1 s^{n-1} + \cdots + a_{n-1} s + a_n, \tag{3.17}$$

其中,$a_0 = 1$,利用系数 $a_0, a_1, a_2, \cdots, a_n$ 构造 $n \times n$ 矩阵:

$$H_n = \begin{bmatrix} a_1 & a_3 & a_5 & \cdots & 0 \\ 1 & a_2 & a_4 & \cdots & 0 \\ 0 & a_1 & a_3 & \cdots & 0 \\ 0 & 1 & a_2 & \cdots & 0 \\ \vdots & \vdots & \vdots & & \vdots \\ 0 & 0 & 0 & \cdots & a_n \end{bmatrix}, \tag{3.18}$$

称 H_n 为赫维茨(Hurwitz)矩阵.如:$H_5 = \begin{vmatrix} a_1 & a_3 & a_5 & 0 & 0 \\ 1 & a_2 & a_4 & a_5 & 0 \\ 0 & a_1 & a_3 & a_5 & 0 \\ 0 & 1 & a_2 & a_4 & 0 \\ 0 & 0 & a_1 & a_3 & a_5 \end{vmatrix}$.

定理 3.3.2 （赫维茨定理）线性系统(3.16)渐进稳定或 A 为稳定矩阵的充分必要条件为：赫维茨矩阵矩阵 H_n 的 n 个顺序主子式 $\Delta_1, \Delta_2, \cdots, \Delta_n$ 全为正，即

$$\begin{cases} \Delta_1 > 0 \\[2mm] \Delta_2 = \det \begin{bmatrix} a_1 & a_3 \\ 1 & a_2 \end{bmatrix} > 0 \\[2mm] \Delta_3 = \det \begin{bmatrix} a_1 & a_3 & a_5 \\ 1 & a_2 & a_4 \\ 0 & a_1 & a_3 \end{bmatrix} > 0 \\[2mm] \vdots \\[2mm] \Delta_n = \det H_n > 0 \end{cases} \tag{3.19}$$

3.3.3 非线性系统稳定性的判别

下面讨论非线性系统的稳定性. 给定 n 维动态系统：

$$\frac{dx}{dt} = f(x), \tag{3.20}$$

其中，$x = x(t) \in \mathbb{R}^n, f(x)$ 为 x 的 n 维向量函数，满足条件：

$$f(0) = 0. \tag{3.21}$$

(3.21)表明，$x_e = 0$ 是系统(3.20)的一个平衡状态.

定义 3.3.3 若纯量函数 $V(x)$ 满足下列条件：

(1)对任意 $x \in \mathbb{R}^n, x \neq 0, V(x) > 0$，且 $V(0) = 0$；

(2)$\dfrac{\partial V(x)}{\partial x_i}$ 连续，$i = 1, 2, \cdots, n$；

(3)对系统(3.20)的任意非零解 $x(t)$，有

$$\frac{dV[x(t)]}{dt} = \sum_{i=1}^n \frac{\partial V}{\partial x_i} \frac{dx_i}{dt} = \sum_{i=1}^n \frac{\partial V}{\partial x_i} f_i[x(t)] \leqslant 0,$$

则称 $V(x)$ 为系统(3.20)的李雅普诺夫函数.

定理 3.3.3 （李雅普诺夫定理）

(1)如果系统(3.20)存在一个李雅普诺夫函数 $V(x)$，则平衡状态 $x_e = 0$ 是稳定的；

（2）如果系统（3.20）存在一个李雅普诺夫函数 $V(x)$，且对系统（3.20）任意非零解 $x(t)$，$\dfrac{dV[x(t)]}{dt}<0$，则平衡状态 $x_e=0$ 是全局渐近稳定的.

求（3.20）的李雅普诺夫函数是一个非常困难的问题，对一般 $f(x)$ 没有普遍适用的方法，通常根据函数 $f(x)$ 的具体情况进行选取.

由于寻求李雅普诺夫函数常常遇到困难，在实际应用中，通常采用泰勒展开式求系统的线性近似系统，然后通过线性近似系统讨论原系统的局部渐近稳定性.

设系统（3.20）的均衡状态为 $x_e=x^*$，即有 $f(x^*)=0$，在 $x=x^*$ 处求函数 $f(x)$ 的一阶泰勒展开式，得：

$$f(x)=f(x^*)+(\frac{\partial f}{\partial x})|_{x=x^*}(x-x^*)+o(x-x^*)$$

$$=A(x-x^*)+o(x-x^*), \tag{3.21a}$$

其中，

$$\begin{cases} A=(a_{ij})_{n\times n},a_{ij}=(\partial f_i/\partial x_j)|_{x=x^*} \\ \dfrac{\|o(x-x^*)\|}{\|x-x^*\|}\to 0, \|x-x^*\|\to 0. \end{cases} \tag{3.21b}$$

定理 3.3.4　如果由系统（3.20）得到的一阶线性系统

$$\frac{dx}{dt}=A(x-x^*)$$

是渐近稳定的，则原系统（3.20）关于均衡状态 $x_e=x^*$ 是局部稳定的.

由定理 3.3.4 知，讨论非线性系统的稳定性可转化为讨论线性系统的稳定性.

3.3.4　二维系统稳定性的判别

在经济应用中常遇到二维动态系统，下面特别介绍二维动态系统的稳定性判别. 首先，考虑二维系统线性系统：

$$\begin{cases} \dot{x}_1=a_{11}x_1+a_{12}x_2 \\ \dot{x}_2=a_{21}x_1+a_{22}x_2 \end{cases}, \tag{3.22}$$

系数矩阵记为

$$A = \begin{bmatrix} a_{11} & a_{12} \\ a_{21} & a_{22} \end{bmatrix}.$$

假定 A 的行列式值不为零：$\det A \neq 0$，则系统（3.22）有唯一均衡点 $x_e = (0,0)^T$，关于 x_e 的稳定性由特征方程 $\det(sI - A) = 0$ 的根决定. 将特征方程表示为：

$$\begin{cases} \det(sI - A) = s^2 - as - b = 0 \\ a = -(a_{11} + a_{22}), b = \det A \end{cases}, \tag{3.23}$$

将特征值记为 s_1, s_2，则

$$s_1, s_2 = \frac{1}{2}(-a \pm \sqrt{a^2 - 4b}). \tag{3.24}$$

注意到 $\det A = 0$，即 $b \neq 0$，那么 s_1, s_2 都不为 0.

微分方程稳定性理论将均衡点 x_e 分为结点、鞍点、焦点、中心等类型，由特征值 s_1, s_2 或系数 a, b 的取值决定. 表 3.3.2 给出了各种可能情况：

表 3.3.2　　　　　　　　　　二维系统稳定点类型和稳定性关系

特征值 s_1, s_2	系数 a, b	稳定点类型	稳定性
$s_1 < s_2 < 0$	$a > 0, b > 0, a^2 - 4b > 0$	稳定结点	渐近稳定
$s_1 > s_2 > 0$	$a < 0, b > 0, a^2 - 4b > 0$	不稳定结点	不稳定
$s_1 < 0 < s_2$	$b < 0$	鞍点	鞍点稳定
$s_1 = s_2 < 0$	$b < 0$	稳定退化结点	渐近稳定
$s_1 = s_2 > 0$	$a < 0, b > 0, a^2 - 4b = 0$	不稳定退化结点	不稳定
$s_{1,2} = \alpha \pm j\beta, \alpha < 0$	$a > 0, b > 0, a^2 - 4b < 0$	稳定焦点	渐近稳定
$s_{1,2} = \alpha \pm j\beta, \alpha > 0$	$a < 0, b > 0, a^2 - 4b < 0$	不稳定焦点	不稳定
$s_{1,2} = \pm j\beta, \beta > 0$	$a = 0, b > 0$	中心	不稳定

由表 3.3.2 可得：

（1）若 $a > 0, b > 0$，则系统（3.22）关于均衡点 x_e 渐近稳定.

（2）若 $a \leq 0, b > 0$，则系统（3.22）不稳定.

(3)若 $b<0$,则系统(3.22)为鞍点稳定,即在整个相平面(x_1,x_2)上仅存在一条解的路径可收敛到均衡点 x_e. 在稳定理论中,鞍点稳定仍未不稳定,但在经济学中要经常讨论鞍点稳定这种情况.

对于二维非线性系统:

$$\begin{cases} \dot{x}_1 = f_1(x_1,x_2) \\ \dot{x}_2 = f_2(x_1,x_2) \end{cases}. \tag{3.25}$$

通常将系统(3.25)在均衡点 $x_e=(x_{e1},x_{e2})^T$ 处用泰勒展开,得到二维线性近似系统,然后根据上面介绍的二维线性系统稳定判别方法判别其稳定性,再由定理 3.3.4 得到系统(3.25)的局部稳定性.

有时,我们也会用到以下定理来判定二维系统的稳定性:

定理 3.3.5 (Olech)如果对所有的 $x=(x_1,x_2)^T \in R^2$,下述条件成立:

$$\begin{cases} f_{11}+f_{22}<0 \\ f_{11}f_{22}-f_{12}f_{21}>0 \\ f_{11}f_{22} \neq 0 \text{ 或 } f_{12}f_{21} \neq 0 \end{cases}, \tag{3.25a}$$

则系统(3.25)关于均衡点 x_e 全局渐近稳定.

其中,条件(3.25a)是系统(3.25)渐近稳定的充分条件,但是不满足该条件的系统仍有可能是渐近稳定的.

例 3.3.1 给定二维非线性系统

$$\begin{cases} \dot{x}_1 = -x_1^3-x_2 = f_1(x_1,x_2) \\ \dot{x}_2 = x_2-x_2^3 = f_2(x_1,x_2) \end{cases}.$$

讨论该系统关于均衡点 $x_e=(0,0)^T$ 的稳定性.

解 1 取李雅普诺夫函数为

$$V(x)=x_1^2+x_2^2,$$

则有 $V(x)>0, \forall x \neq 0, x \in R^2; V(0)=0.$ 且

$$\frac{d}{dt}V[x(t)]=-2(x_1^4+x_2^4)<0$$

对系统的任意非零解恒成立.

由定理 3.3.3 可知,系统渐近稳定.

解 2　由式(3.25a)可得

$$\begin{cases} f_{11}+f_{22}=-3(x_1^2+x_2^2)<0 \\ f_{11}f_{22}-f_{12}f_{21}=9x_1^2x_2^2+1>0 \\ f_{11}f_{22}=9x_1^2x_2^2,\ f_{12}f_{21}=-1\neq 0 \end{cases}.$$

对任意 $(x_1,x_2)^T\neq(0,0)^T$ 恒成立.

由定理 3.3.5 可知,系统全局渐近稳定.

3.3.5　高维系统的讨论

前面我们讨论的是一阶和二阶系统的稳定性.在经济学中,有时会出现高阶系统,如 Sidrauski 模型得到的是一个三维动力系统,Uzawa-Lucas 模型得到的是一个四维系统.因此,我们有时需要考虑高维动力系统.对于一般的三维或者更高维数的系统,我们没有一般办法来讨论其稳定性,但是对于特殊的系统,我们可以采用特殊的方法来考虑.

（1）三维系统的讨论

对于一般三维系统

$$\dot{x}=f(x,y,z),$$
$$\dot{y}=g(x,y,z),$$
$$\dot{z}=h(x,y,z),$$

其中,函数 f,g 和 h 是连续可微的函数.

类似于一维和二维情形,可以定义均衡点 (x^*,y^*,z^*),满足

$$f(x,y,z)=0,$$
$$g(x,y,z)=0,$$
$$h(x,y,z)=0.$$

的点称为均衡点,记为 (x_e,y_e,z_e).

下面讨论非线性系统在均衡点 (x_e,y_e,z_e) 处的稳定性,当然也要考虑线性化系统

$$\begin{bmatrix} \dot{x}, \\ \dot{y} \\ \dot{z} \end{bmatrix} = A \begin{bmatrix} x-x^* \\ y-y^* \\ z-z^* \end{bmatrix}$$

在$(0,0,0)$点的稳定性,这里,A 为系数矩阵.

讨论均衡点的稳定性的常用的方法是考虑系数矩阵 A 的特征值的符号. 在一个微分系统中,给出的初始值的个数一般与状态变量的个数是一致的. 如果对应的特征根的实部为负的个数和状态变量的个数一致,此时均衡点是鞍点稳定的,存在唯一的一条从非均衡收敛到均衡的路径. 但是,如果特征根的实部为负的个数大于状态变量的个数,就出现了不定性的问题,从非均衡状态收敛到均衡状态的路径有多条,因此特征根的符号起着重要作用. 在三维系统中,我们可以采用下面的方法来判别特征根的符号:

①根与系数的关系

我们知道系数矩阵的特征根 λ_1,λ_2 和 λ_3 满足下面的关系:

$$\lambda_1 + \lambda_2 + \lambda_3 = \mathrm{tr}(A),$$
$$\lambda_1\lambda_2 + \lambda_2\lambda_3 + \lambda_1\lambda_3 = K,$$
$$\lambda_1\lambda_2\lambda_3 = \det(A),$$

其中,$\mathrm{tr}(A)$表示矩阵 A 的迹,为矩阵的对角线元素之和;K 为矩阵 A 的二阶主子式之和;$\det(A)$为矩阵 A 的行列式. 一般地,根据上面的关系可以决定特征根 λ_1,λ_2 和 λ_3 的符号.

②Routh-Hurwitz 定理

考虑下面 n 阶特征多项式

$$a_0 + a_1\lambda + a_2\lambda^2 + \cdots + a_n\lambda^n = 0.$$

为了讨论特征根的符号,构造下面的矩阵:

$$
\begin{array}{ccccccc}
a_n & a_{n-2} & \cdots & a_5 & a_3 & a_1 \\
a_{n-1} & a_{n-3} & \cdots & a_4 & a_2 & a_0 \\
Z_{11} & Z_{12} & \cdots & Z_{1h-2} & Z_{1h-1} & 0 \\
Z_{21} & Z_{22} & \cdots & Z_{2h-2} & 0 & 0 \\
\vdots & \vdots & & \vdots & \vdots & \vdots \\
Z_{h-21} & Z_{h-22} & \cdots & 0 & 0 & 0 \\
Z_{h-11} & 0 & \cdots & 0 & 0 & 0 \\
Z_{h1} & 0 & \cdots & 0 & 0 & 0
\end{array}
. \tag{3.26}
$$

上面是一个 $(h+2) \times h$ 的矩阵,其中 $h = \left[\dfrac{n+1}{2}\right]$. 在这个矩阵中前面两行的元素由特征多项式的系数给出. 显然,当 n 是偶数时,a_0 在第一行的最后一列出现,a_1 在第二行的 $h-1$ 列出现,第二行最后一列的元素为 0.

另外的元素 Z_{ij} 按照下面的方法构造:

首先,第三行的元素由下面的方法构造:

$$Z_{11} = \frac{a_{n-1}a_{n-2} - a_n a_{n-3}}{a_{n-1}},$$

$$Z_{12} = \frac{a_{n-1}a_{n-4} - a_n a_{n-5}}{a_{n-1}},$$

$$\cdots\cdots$$

$$Z_{1h-1} = \frac{a_{n-1}a_1 - a_n a_0}{a_{n-1}}.$$

类似的第四行元素构造如下:

$$Z_{21} = \frac{Z_{11}a_{n-3} - Z_{12}a_{n-1}}{Z_{11}},$$

$$Z_{22} = \frac{Z_{11}a_{n-5} - Z_{13}a_{n-1}}{Z_{11}},$$

$$\cdots\cdots$$

$$Z_{2h-2} = \frac{Z_{11}a_2 - Z_{1h-1}a_{n-1}}{Z_{11}}.$$

从第五行开始,每个元素按照下面的方法构造

$$Z_{ij} = \frac{Z_{i-11}Z_{i-2j+1} - Z_{i-1j+1}Z_{i-21}}{Z_{i-11}}.$$

于是得到下面的结论：

定理 3.3.6　（Routh-Hurwitz 定理）具有正的实部的特征根的个数等于上面矩阵第一列数的符号改变的次数.

根据 Routh-Hurwitz 定理，三维系数矩阵特征根的实部为正的个数等于下面的数的符号的改变次数：

$$-1, tr(A), -K + \frac{\det(A)}{tr(A)}, \det(A).$$

很容易判别特征根的符号.

（2）四维系统的讨论

四维系统的处理更为复杂，我们简单介绍几个方法. 考虑下面的系统：

$$\begin{cases} \dot{x} = f(x, y, z, u), \\ \dot{y} = g(x, y, z, u), \\ \dot{z} = h(x, y, z, u), \\ \dot{l} = l(x, y, z, u). \end{cases}$$

其中，函数 f, g, h 和 l 是连续可微的函数. 类似地，满足

$$f(x, y, z, u) = 0,$$
$$g(x, y, z, u) = 0,$$
$$h(x, y, z, u) = 0,$$
$$l(x, y, z, u) = 0.$$

的点 (x, y, z, u) 称为该系统的均衡点，记为 (x_e, y_e, z_e, u_e).

考虑均衡点的稳定性，只需考虑在均衡点附近的线性化系统

$$\begin{bmatrix} \dot{x} \\ \dot{y} \\ \dot{z} \\ \dot{l} \end{bmatrix} = A \begin{bmatrix} x - x_e \\ y - y_e \\ z - z_e \\ u - u_e \end{bmatrix},$$

其中，A 为系数矩阵.

要考虑均衡点的稳定性,就需要考虑系数矩阵 A 的特征根的符号,我们可以采用下面的方法来判别特征根的符号:

①降维

在高维系统经常用定义新的变量把原系统维数降低,如定义新变量 $\hat{x}=x/u$,$\hat{y}=y/u$,$\hat{z}=z/u$,根据四维系统可以得到新变量的微分系统,此时四维系统变成了三维系统,方法和前面的讨论一致. 而且,可以证明从这个系统均衡点的稳定性可以得到原来系统均衡点的稳定性.

②根据 Routh-Hurwitz 定理判别

根据 Routh-Hurwitz 定理,系数矩阵特征根的实部为正的个数等于下面的数的符号的改变次数:

$$1,-\text{tr}(A),BA-\frac{TA}{\text{tr}(A)},-TA+\frac{\text{tr}(A)\det(A)}{BA-TA/\text{tr}(A)},\det(A)$$

其中,$tr(A)$ 表示雅可比矩阵的迹,BA 表示雅可比矩阵二阶主子式之和,TA 表示雅可比矩阵三阶主子式之和,$\det(A)$ 表示矩阵行列式.

§3.4 连续时间数值方法

虽然求解常微分方程有各种各样的解析方法,但解析方法只能用来求解一些特殊类型的方程,实际问题中归结出来的微分方程主要靠数值解法求解.

3.4.1 有限差分法

(1)初值问题

考虑一阶常微分方程初值问题:

$$y'=f(x,y),y(x_0)=y_0. \tag{3.27}$$

我们知道,只要函数 $f(x,y)$ 适当光滑,关于 y 满足 Lipschitz 条件

$$|f(x,y)-f(x,\bar{y})|\leqslant L|y-\bar{y}|,$$

就可以保证初值问题(3.2.7)的解 $y=y(x)$ 存在且唯一.

所谓数值解法,就是寻求解 $y(x)$ 在一系列离散点 $x_1<x_2<\cdots x_n<x_{n+1}<\cdots$ 上

的近似值 $y_1, y_2, \cdots, y_n, y_{n+1}, \cdots$. 相邻两个节点的间距 $h = x_{n+1} - x_n$ 称为步长.

①Euler 方法

Euler 方法是一种简单的显示单步法,计算公式如下:

$$Y_{i+1} = Y_i + hf(x_i, Y_i).$$

实际上,Euler 法是一阶显示方法,且是收敛的,这个算法是基于对(3.27)对一阶 Taylor 展开. 它很容易在计算机上实施.

②Runge-Kutta 方法

Runge-Kutta 方法是一种应用广泛的高精度单步算法. Runge-Kutta 方法实质上是间接地使用 Taylor 级数法的一种方法. 一阶 Runge-Kutta 方法基于下面的公式:

$$Y_{i+1} = Y_i + \frac{h}{2} [f(x_i, Y_i) + f(x_{i+1}, Y_i + hf(x_i, Y_i))].$$

四阶 Runge-Kutta 方法改进了上面的算法,它基于下面的公式:

$$z_1 = f(x_i, Y_i),$$

$$z_2 = f(x_i + \frac{1}{2}h, Y_i + \frac{1}{2}hz_1),$$

$$z_3 = f(x_i + \frac{1}{2}h, Y_i + \frac{1}{2}hz_2),$$

$$z_4 = f(x_i + h, Y_i + hz_3),$$

$$Y_{i+1} = Y_i + \frac{h}{6} [z_1 + 2z_2 + 3z_3 + z_4].$$

即下一个值由现在的值加上时间间隔和一个估算的斜率所决定.

(2)两点边值问题

考虑下面的两点边值问题:

$$\frac{dx}{dt} = f(x, y, t),$$

$$\frac{dy}{dt} = g(x, y, t), \qquad (3.28)$$

$$x(0) = x^0, y(T) = y^T.$$

解这类问题的基本数值方法是打靶法(shooting method),这个方法的基本思路如下:首先,我们猜测初值 $y(0) = y^0$,给定初值 $x(0) = x^0$, $y(0) = y^0$,我们可以把问题(3.28)当作初值问题来解,就可以算出 $y(T)$. 我们希望 $y(T)=y^T$. 如果 $y(T)$ 跟 y^T 不一样,我们改变初值 y^0,重新解前面的问题,直到 $y(T)$ 和 y^T 充分接近,循环停止.

我们也可以用偏微分方程的 Crank-Nicholson 方法去解两点边界问题.

在连续时间金融问题中,我们经常遇到如下偏微分方程:

$$Df(x,t)-r(x,t)f(x,t)+h(x,t)=0, \qquad (3.29)$$

边界条件是

$$f(x,T)=g(x,T),$$

其中

$$Df(x,t)=f_t(x,t)+f_x(x,t)\mu(x,t)+\frac{1}{2}\sigma(x,t)^2 f_{xx}(x,t).$$

这类方程往往需要数值解. 我们先选取格点

$$(x_i,t_j):i\in 1,\cdots,N,j\in 1,\cdots,M\subset \mathbb{R}\times[0,T].$$

我们要算一个矩阵 F,它的元素 F_{ij} 逼近 $f(x_i,t_j)$. 假设 $t_1=0,t_M=T$. 定义 $\Delta x=x_i-x_{i-1},\Delta t=t_i-y_{j-1}$,Crank-Nicholson 方法如下逼近偏导数:

$$f_t(x_i,t_j)=\frac{F_{i,j+1}-F_{ij}}{\Delta t},$$

$$f_x(x_i,t_j)=\frac{F_{i+1,j+1}-F_{i-1,j+1}-F_{i-1,j}}{4\Delta x},$$

$$f_{xx}(x_i,t_j)=\frac{F_{i+1,j+1}-2F_{i,j+1}+F_{i-1,j+1}+F_{i+1,j}-2F_{ij}+F_{i-1,j}}{2(\Delta x)^2}.$$

把这些逼近代入(3.29),我们得到

$$a_{ij}F_{i-1,j}+b_{ij}F_{ij}+c_{ij}F_{i+1,j}=-a_{ij}F_{i-1,j+1}+\beta_{ij}F_{i,j+1}-c_{ij}F_{i+1,j+1}+e_{ij}, (3.30)$$

其中,

$$a_{ij}=-\frac{\mu(x_i,t_j)}{4\Delta x}+\frac{\sigma(x_i,t_j)}{4(\Delta x)^2},$$

$$b_{ij}=-\frac{r(x_i,t_j)}{2}-\frac{1}{\Delta t}-\frac{\sigma(x_i,t_j)^2}{2(\Delta x)^2},$$

$$c_{ij}=\frac{\mu(x_i,t_j)}{4\Delta x}+\frac{\sigma(x_i,t_j)^2}{4(\Delta x)^2},$$

$$\beta_{ij} = \frac{r(x_i, t_j)}{2} - \frac{1}{\Delta t} + \frac{\sigma(x_i, t_j)^2}{2(\Delta x)^2},$$

$$e_{ij} = -h(x_i, t_j).$$

注意(3.30)在 $i=1, N$ 时没有定义，在这两点 x_1, x_N 给出 x 的边界，在应用中有时 x 在整个 $\mathbb{R}$ 取值，我们尽量想办法取一个有界区间 $[x_1, x_N]$. 在这个边界上加上两个条件

$$b_{ij} F_{1j} + c_{ij} F_{2j} = d_{ij}, a_{Nj} F_{N-1,j} + b_{Nj} F_{Nj} = d_{Nj}, \tag{3.31}$$

其中，系数 $b_{ij}, c_{ij}, d_{ij}, a_{Nj}, b_{Nj}$ 和 d_{Nj} 根据具体情况单独确定.

我们把(3.30)和(3.31)合在一起得到关于列向量 $F_1, F_2, \cdots, F_M$ 的方程

$$A_j f_j = d_j, j=1, 2, \cdots, N-1, \tag{3.32}$$

边界条件是

$$F_{iM} = g(x_i, T), i=1, 2, \cdots, N, \tag{3.33}$$

其中，

$$A = \begin{bmatrix} b_{1j} & c_{1j} & & & & & \\ a_{2j} & b_{2j} & c_{2j} & & & & \\ & a_{3j} & b_{3j} & c_{3j} & & & \\ & & a_{4j} & b_{4j} & c_{4j} & & \\ & & & & \cdots & & \\ & & & & a_{n-1,j} & b_{n-1,j} & c_{n-1,j} \\ & & & & & a_{Nj} & b_{Nj} \end{bmatrix},$$

并且

$$d_{ij} = -a_{ij} F_{i-1,j+1} + \beta_{ij} F_{i,j+1} - c_{ij} F_{i+1,j+1} + e_{ij}. \tag{3.34}$$

我们总结有限差分算法如下：首先 F_M 由终点条件(3.33)给定，然后从(3.34)算出 d_{M-1}，然后从(3.32)算出 F_{M-1}，再用(3.34)算出 d_{M-2}，持续下去直到算出 F_1 为止.

3.4.2　逼近法

考虑方程

$$f(x,\varepsilon)=0. \tag{3.35}$$

假设 $f(x,\varepsilon)$ 是具有二阶连续偏导数的函数,且对每一个 ε,这个方程有一个解 $x(\varepsilon)$,一般情况下我们很难得出其显示解,但可能对某些特殊的 ε 值,我们能得到显示解. 不失一般性,假设这个特定的 ε 值为 0,逼近法就是在这个特定的 $\varepsilon=0$ 值附近去做逼近. 具体做法如下:

首先对(3.35)的两边关于 ε 求导,我们得到

$$f_x(x(\varepsilon),\varepsilon)x'(\varepsilon)+f_\varepsilon(x(\varepsilon),\varepsilon)=0 \tag{3.36}$$

令 $\varepsilon=0$,得

$$x'(0)=-\frac{f_\varepsilon(x(0),0)}{f_x(x(0),0)},$$

再对(3.36)求导,

$$f_x x''+f_{xx}(x')^2+2f_{x\varepsilon}x'+f_{\varepsilon\varepsilon}=0,$$

就可以算出 $x''(0)$. 这样一来,我们得到 $x(\varepsilon)$ 在 $\varepsilon=0$ 附近的二阶逼近:

$$x(\varepsilon)=x(0)+x'(0)\varepsilon+x''(0)\varepsilon^2.$$

我们可以继续对 x 关于 ε 求高阶导数,从而得出 $x(\varepsilon)$ 在 $\varepsilon=0$ 附近的高阶逼近.

例 3.4.1 自由边界问题如下:

$$rG(x)=\alpha_x G'(x)+\frac{\sigma_x^2}{2}G''(x)-\frac{\gamma r\sigma_x^2}{2}G'(x)^2, \tag{3.37}$$

边界条件为:

$$G(\overline{x})=\overline{x}-I, \tag{3.38}$$

$$G'(\overline{x})=1, \tag{3.39}$$

$$\lim_{x\to-\infty}G(x)=0 \tag{3.40}$$

这是一个非线性方程,并且没有固定的边界,因为 $\overline{x}$ 是内生的. 我们必须用数值方法去解上面的方程,标准方法是用前面介绍的有限差分法. 这里我们用逼近法求解. 步骤如下:

第一步,设定 $\sigma_x^2=0$,可得(3.37)~(3.40)的显示解为:

$$G_0(x)=\frac{\alpha_x}{x}\exp\{\frac{r}{\alpha_x}(x-x_0)\}, x\leqslant x_0.$$

$$x_0 = I + \frac{\alpha_x}{r}.$$

第二步,考虑关于 σ_x^2 的一阶逼近

$$G(x) = G_0(x) + G_1(x)\sigma_x^2,$$

$$\overline{x} = x_0 + \delta_1 \sigma_x^2,$$

其中, $G_1(x)$ 和 δ_1 是待定的,我们把上面的逼近代入(3.37)~(3.40),得到关于 $G_1(x)$ 的一阶微分方程.

$$\alpha_x G'_1(x) + \frac{1}{2} G''_0(x) - \frac{\gamma r}{2} G'_0(x)^2 = r G_1(x),$$

边界条件为

$$G_1(\overline{x}) = 0, G'_1(\overline{x}) = \frac{r\delta_1}{\alpha_x}.$$

第三步,求解上面的微分方程,得到:

$$G_1(x) = \frac{r}{2\alpha_x^2}(x_0 - x) e^{-\frac{r}{\alpha_x}(x_0 - x)} - \frac{\gamma}{2}[e^{-\frac{r}{\alpha_x}(x_0 - x)} - e^{-\frac{r}{2\alpha_x}(x_0 - x)}],$$

$$\overline{x} = x_0 + (\frac{1}{\alpha_x} - \gamma)\frac{\sigma_x^2}{2}.$$

3.4.3 投影法

投影法是一个求函数方程数值解的有效方法. 考虑下面的函数:

$$N(f) = 0.$$

投影法步骤如下:

第一步,选取基函数和逼近阶数 $\Phi = \{\varphi_i(x)\}_{i=1}^{\infty}$ 定义:

$$\hat{f} = \sum_{i=1}^{n} a_i \varphi_i(x),$$

其中, $a = (a_1, a_2, \cdots, a_n)$ 为 n 个待定系数.

第二步,构造关于 N 的可计算逼近 $\hat{N}$ 定义余函数

$$R(x;a) = \hat{N}(\hat{f}(x;a)),$$

我们的目标是使得余函数等于 0.

第三步,构造范数 $\| R(\cdot;a) \|$ 或选取检验函数 p_i,计算内积

$$P_i(a) = \langle R(\cdot;a), p_i(a)\rangle.$$

第四步,寻找 a 去最小化范数 $\|R(\cdot;a)\|$ 或使得 $P(a)=0$.

一个很自然的想法是选取

$$\{x^n\}_{n=0}^{\infty}$$

作为基函数,这是因为连续函数空间能够由这个基函数生成,但是这个基函数不具备正交性.

定义 3.4.1 一个在 $[a,b]$ 上的权函数 $\omega(x)$ 是一个几乎处处正的函数并且在 $[a,b]$ 上有一个有限的积分. 给定一个权函数 $\omega(x)$,我们定义内积:

$$\langle f,g\rangle = \int_b^a f(x)g(x)\omega(x)dx.$$

如果对所有的 $n \neq m$ 有 $\langle \varphi_n, \varphi_m\rangle = 0$,则称多项式 $\{\varphi_n(x)\}$ 是相对于 $w(\omega)$ 互相正交的;如果对所有的 n 有 $\langle \varphi_n, \varphi_n\rangle$,且它们互相正交,则称 $\{\varphi_n(x)\}$ 是互相正规正交的.

经济学中最常用的正规正交基函数是 Chebychev 多项式,这些多项式是定义在 $[-1,1]$ 上的,对于一般的区间,可以做变换 $z = \dfrac{2(x-a)}{b-a} - 1$ 将其变到 $[-1,1]$.

定义

$$\varphi_i = T_{j-1}(z),$$

其中

$$T_0(z) = 1,$$

$$T_1(z) = z, \cdots,$$

$$T_j(z) = 2zT_{j-1}(z) - T_{j-2}(z)\cdots,$$

于是我们得到 $\varphi_n(x)$ 是一个 $n-1$ 次的多项式. Chebychev 多项式的结点 $\{x_1, x_2, \cdots, x_n\}$ 取 $\varphi_{n+1}(x) = 0$ 的 n 个根,即

$$x_i = \frac{a+b}{2} + \frac{b-a}{2}\cos(\frac{n-i+0.5}{n}\pi).$$

例 3.4.2 利用投影法计算例 3.41.

令

$$\Delta(x) = G'(x), \tag{3.41}$$

将(3.41)改写成

$$\Delta'(x) = \frac{2}{\sigma_x^2}\left(rG(x) + \frac{\gamma r \sigma_x^2}{2}\Delta(x)^2 - \alpha_x \Delta(x)\right). \tag{3.42}$$

边界条件为

$$\lim_{x \to -\infty} G(x) = 0, \tag{3.43}$$

$$G(\overline{x}) = \overline{x} - I, \tag{3.44}$$

$$G'(\overline{x}) = 1. \tag{3.45}$$

把前面的二阶微分方程问题转换为关于$(G(x), \Delta x)$的两个方程的一阶微分方程.

我们先取一个很小的数 x_m 并设

$$G(x_m) = 0, \tag{3.43'}$$

利用这个方程替换(3.43),再取一值 x^*,并把(3.44)改写成

$$G(x^*) = x^* - I. \tag{3.44'}$$

现在就得到了一个两点边界问题:微分方程(3.41)、(3.42),边界条件(3.43)、(3.44)利用投影法,具体算法如下:

第一步,给定猜测 x^* 和阶数 n.

第二步,用$[x_m, x^*]$上的 Chebychev 多项式$\{\varphi_i(x)\}_{i=1}^{\infty}$ 去逼近 G 和 Δ

$$\hat{G}(x) = \sum_{i=1}^{n} a_i \varphi_i(x), \hat{\Delta}(x) = \sum_{i=1}^{n} b_i \varphi_i(x),$$

其中,$(a_1, a_2, \cdots, a_n)$,$(b_1, b_2, \cdots, b_n)$是 $2n$ 个待定系数.

第三步,把上面的逼近代入(3.41)和(3.42),然后在 $\varphi_n(x)$ 的 $n-1$ 个根上取值,就得到关于$(a_1, a_2, \cdots, a_n)$,$(b_1, b_2, \cdots, b_n)$的 $n-2$ 个方程,再把上面的逼近代入两个边界条件(3.43')和(3.44'),又得到两个方程,共有 $2n$ 个方程,$2n$ 个未知数. 就可解出$(a_1, a_2, \cdots, a_n)$,$(b_1, b_2, \cdots, b_n)$.

第四步,检查 $\hat{\Delta}(x^*)$ 是否等于 1. 如果是,就停止;否则,重新猜测 x^* 的值,再重做第二步.

最后,因为选取任意小的 x_m,我们还要试更小的值,重复上面的步骤. 如果解的变化不大,x_m 可行;否则我们要取更小的值,直到结果对这个选取并不敏感为止.

§3.5 政府公共开支对经济的影响

在静态模型中(如 IS—LM 模型),很容易知道政府花费增加时 IS 曲线外移,从而导致总的产出和利率上升. 但是,在这种模型中,不能清晰地表明资本存量和消费水平的动态过程,这个模型讨论的是一个均衡点移动到另一个均衡点的情形. 没有很好地解释当政府支出改变时经济的主要参数如何变化. 这是一个动态调整的过程,而且,我们知道政府支出水平也不可能永久地增加或永久地减少. 在实际中,考虑政府支出改变对经济影响的原因是当政府支出改变还没有达到均衡点时,政府的财政政策已经改变.

在跨时最优正常模型中,政府支出的作用仅仅是降低消费者的消费水平,对长期的国内资本存量无影响,这显然和实际不符. 政府常常通过财政政策的改变来刺激经济增长,因此人们认为政府消费的改变是可以刺激经济的. 为得到政府支出改变对经济的影响,人们常常在生产函数中引进政府支出. 同时,以前人们考虑的是政府支出的永久改变对经济的影响,而实际中,政府支出的改变不会是永久的. 这样研究暂时性的改变对经济的影响比研究政府支出改变对初始经济变量的影响显得更重要. 这就涉及短期经济分析的问题. 本节将讨论永久性和暂时性政府支出改变对经济带来的影响.

在这里,我们采用最简单的最优经济正常模型,并在消费者效用函数中引进了休闲. 同时,模型不仅考虑政府支出,还考虑消费者债务水平、政府支出对国内经济的短期影响. 结果发现,永久地提高政府支出会增加国内资本的存量并降低消费者的债务水平.

3.5.1 模型[36]

利用 Brock 和 Turnovsky 的方法在效用函数中引入休闲,消费者的瞬时效用函数为 $u(c,l)$,其中 $c(t)$ 为消费者的消费水平,l 为消费者的劳动力供给. 我们假设消费者从消费和休闲中获得正的递减的边际效用,也就是说从劳动中获得负的递减的边际效用. 假设效用函数是二阶连续可微的,于是把上面的条件表示为:

$$u_c > 0, u_{cc} < 0, u_l < 0, u_{ll} < 0 \tag{3.46}$$

这样,消费者贴现的效用和可以表示为

$$\int_0^\infty u(c,l) e^{-\beta t} dt,$$

其中,$0 < \beta < 1$ 为贴现率.

厂商技术由连续可微的递增、边际效用递减的一阶齐次生产函数表示:

$$y = f(k,l).$$

其中,k 为人均资本存量水平.

假设债务水平 b 的利息 $h(b)$ 为单调上升的凹函数,即 $h'(b) > 0, h''(b) > 0$. 也就是说,一个国家的债务水平越高,需要支付的利息就越高,而且边际利息递减.

设政府税收 T 为给定的常数,这样消费者的预算约束方程可以写成

$$\dot{k} + \dot{b} = f(k,l) - c + h(b) - T, \tag{3.47}$$

定义消费者总的财富为

$$\omega = k + b, \tag{3.48}$$

这样预算约束方程(3.47)可以改写为

$$\dot{\omega} = f(k,l) - c + h(b) - T. \tag{3.49}$$

消费者的效用极大问题就是在其预算约束下选择消费路径、资本积累路径和债务水平路径来极大化效用,即

$$\max \int_0^\infty u(c,l) e^{-\beta t} dt,$$

满足预算约束(3.48)、(3.49)和初始条件 $k(0) = k_0, b(0) = b_0$ 给定.

定义 Hamilton 函数

$$H = u(c,l) + \lambda [f(k,l) - c + h(b) - T] + \mu(k + b - \omega),$$

其中,λ 为 Hamilton 乘子,表示财富的边际效用,也表示收入的现值影子价格.

我们很容易得到一阶条件:

$$u_c = \lambda, \tag{3.50}$$

$$u_l = -\lambda f_l, \tag{3.51}$$

$$\lambda h'(b) = -\mu, \tag{3.52}$$

$$\lambda f_k = -\mu, \tag{3.53}$$

$$\dot{\lambda} = \beta\lambda - \lambda f_k,\tag{3.54}$$

和横截性条件

$$\lim_{t\to\infty}\lambda\omega(t) = 0.\tag{3.55}$$

其中,(3.50)表示在均衡时刻消费的边际效用等于财富的边际效用;方程(3.51)表示在最优时刻休闲的边际效用等于劳动力的边际生产率.从(3.52)和(3.53)我们得到

$$\frac{\partial f(k,l)}{\partial k} = h'(b),\tag{3.56}$$

上式表明在均衡时资本的边际生产率等于债券的边际回报率.(3.54)为 Euler 方程.

在经济中,我们考虑的另一个因素为政府预算.在政府的平衡支出下,政府的预算约束方程可以写成

$$\dot{b} = h(b) + g - T,\tag{3.57}$$

从方程(3.50)(3.51)和(3.57)我们可以得到

$$c = c(\lambda,k), l = l(\lambda,k), b = b(\lambda,k),\tag{3.58}$$

通过全微分,我们得到

$$c_\lambda = \frac{u_{ll} + \lambda f_{ll} + u_d f_l}{D} < 0, c_k = \frac{u_d \lambda f_{kl}}{D},$$

$$l_\lambda = -\frac{u_{cc} + u_d}{D} > 0, l_k = \frac{u_{cc} \lambda f_{kl}}{D} > 0,$$

$$b_\lambda = -\frac{f_{kl}(u_{cc} + u_d)}{h''D} > 0, b_k = \frac{f_{kk} + l_k f_{kl}}{D} < 0.$$

其中,$D = u_{cc}(u_{ll} + \lambda f_{ll}) - u_d^2 > 0$.

上面的关系给出了当财富的边际效用和资本存量改变时对消费水平、劳动力的供给和消费者持有债券水平的影响.从上面的结果我们知道,当财富的边际效用提高时,消费水平降低,而劳动力的供给和债券的持有量都增加.当资本存量增加时,劳动力的供给增加,债券的持有量降低,而对消费水平的影响取决于休闲对边际消费的影响,即 u_d 的符号.如果我们假设随着休闲的增加,边际效用增加,我们可以得到,当资本存量增加时,消费水平降低.因为随着财富的边际效用增加,消费者消费的成本增加,这样导致消费者降低消费水平和休闲水平,因此劳动力的供给增加.同时,消费水平的降低和劳动力供给的增加,导致消费者对债券的持有量增加.因此,我们得到上

面的结果. 随着资本存量的增加,劳动力的边际产出增加,即工资提高. 随着工资的增加,消费者的劳动力供给增加,从而资本回报率增加,因此消费者持有的债券减少.

综合方程(3.46),(3.53),(3.56)和(3.57)我们得到动态方程

$$\dot{\lambda} = \lambda(\beta - f_k(k, l(\lambda, k))),$$

$$\dot{k} = f_k(k, l(\lambda, k)) - c(\lambda, k) - g.$$

当且仅当 $\dot{k} = \dot{\lambda} = 0$ 时,实现均衡 (k^*, λ^*),它们由下面的方程决定

$$\beta - f_k(k, l(\lambda, k)) = 0,$$

$$f_k(k, l(\lambda, k) - c(\lambda, k)) - g = 0.$$

上面的方程给出了均衡点满足的条件. 第一个方程指出,在均衡时资本的边际生产率等于时间的偏好率. 我们通过上面的方程可以唯一决定均衡点的资本——劳动力比率. 因此,我们可以得到均衡点的资本—劳动力比率是与政府支出改变无关的. 第二个方程给出了均衡点的产品平衡方程,它表示在均衡时产出等于政府的公共支出和消费者的私人支出.

为讨论均衡点的稳定性和在稳态附近的形态,我们把动态系统在均衡点附近线性展开,得到

$$\begin{bmatrix} dk/dt \\ d\lambda/dt \end{bmatrix} = \begin{bmatrix} \omega_{11} & \omega_{12} \\ -\lambda \cdot \omega_{21} & -\lambda \cdot \omega_{22} \end{bmatrix} \begin{bmatrix} k - k^* \\ \lambda - \lambda^* \end{bmatrix},$$

其中,

$$\omega_{11} = f_k + f_l f_k - c_k > 0, \omega_{12} = f_l l_\lambda - c_\lambda > 0,$$

$$\omega_{21} = f_{kk} + f_{kl} l_k < 0, \omega_{22} = f_{kl} l\lambda > 0.$$

我们知道 $\Delta = \omega_{11}\omega_{22} - \omega_{12}\omega_{21} > 0$,因此知道均衡点是鞍点稳定,即上面线性系统的特征根为一正、一负. 我们不妨记 $\mu_1 < 0, \mu_2 > 0$,显然它们满足 $|\mu_1| < \mu_2, \mu_1 < \mu_2 = \beta$. 进一步,我们可以求出对应线性系统的解为

$$k(t) = k^* + (k_0 + k^*) e^{\mu_1 t},$$

$$\lambda - \lambda^* = -\left(\frac{\lambda \cdot \omega_{21}}{\lambda \cdot \omega_{22} + \mu_1}\right)(k - k^*) = \frac{\mu_1 - \omega_{11}}{\omega_{12}}(k - k^*).$$

我们称上面的路径为稳定路径,沿上面的路径收敛到均衡点. 同样,我们有不稳定路径

$$\lambda - \lambda^* = -(\frac{\lambda \cdot \omega_{21}}{\lambda \cdot \omega_{22} + \mu_2})(k - k^*) = \frac{\mu_2 - \omega_{11}}{\omega_{12}}(k - k^*).$$

3.5.2 政府支出改变对均衡时经济的影响

通过全微分,有

$$\frac{d\lambda^*}{dg} = -\frac{\omega_{21}}{\Delta} > 0,$$

$$\frac{dk^*}{dg} = -\frac{\omega_{2k}}{\Delta} > 0,$$

$$\frac{dc^*}{dg} = -\frac{u_d \lambda^2 f_{kl}^2 - (f_{kk} + f_{kl}l_k)(u_u + \lambda f_u + u_d f_l)}{D\Delta} < 0,$$

$$\frac{dl^*}{dg} - \frac{l_\lambda \lambda(-\Delta\omega_{21} - u_{cc}f_{kl}\lambda)}{D\Delta} > 0.$$

从上面的结论我们知道,政府支出改变会提高均衡点的资本存量,增加均衡时劳动力供给和财富的边际效用,但是对均衡点的债券没有影响.这是因为政府支出没有直接进入生产过程,因此政府支出的改变不影响资本存量和劳动力的边际生产率.但是,在理性预期下,随着政府支出的提高,人们知道政府的税收会上升,这样消费者总的消费和财富会下降,从而财富的边际效用会上升.随着财富边际效用上升,消费者会提高劳动力的供给,减少休闲.随着劳动力供给的增加,资本存量的边际生产率增加,这样资本存量的回报率增加,因此消费者提高储蓄,从而增加均衡点的资本存量.

3.5.3 政府支出改变对初始经济的影响

我们考虑当政府支出提高时对初始时刻财富的边际效用、消费水平、劳动力的供给和初始资本存量的影响.考虑到资本存量为状态存量,其路径是连续的,因此当政府支出改变时,它的路径不可能出现跳跃,因此我们有 $dk(0)/dg = 0$. 但是对于初始财富的边际效用,我们有

$$\frac{d\lambda(0) - d\lambda^*}{dg} = \frac{\lambda \cdot \omega_{21}}{\lambda \cdot \omega_{22} + \mu_1}\frac{dk^*}{dg} > 0.$$

因此,政府支出增加使得初始财富边际效用上升.因为随着政府支出的增加,初始资本存量没有影响,消费者的收入下降,从而导致财富边际效用上升.同时,根据方

程(3.57),我们立即有下面的关系:

$$\frac{dc(0)}{dg}=\frac{\partial c}{\partial \lambda}\frac{d\lambda(0)}{dg}+\frac{\partial c}{\partial g}<0,$$

$$\frac{dc(0)}{dg}=\frac{\partial l}{\partial \lambda}\frac{d\lambda(0)}{dg}+\frac{\partial l}{\partial g}>0,$$

$$\frac{db(0)}{dg}=\frac{\partial b}{\partial \lambda}\frac{d\lambda(0)}{dg}>0.$$

因此,随着政府支出的增加,初始的消费水平下降,而初始的劳动力水平和初始债券水平都要上升. 因为随着政府支出的增加,财富的边际效用上升,消费者会减少消费和休闲,从而增加劳动力的供给. 随着政府支出的增加,政府通过税收和发行债券来保持政府的预算约束平衡,因此政府初始债券水平上升.

短期情况下,我们可以假设政府支出在$[0,T]$上升到新水平,到达 T 时刻后,政府支出水平又回到原来的水平. 这在实际生活中是经常见到的,人们发现政府消费的改变一般是暂时的,因为政府支出水平在 T 时刻后又回到原来的水平. 这样,经济最终还是回到原来的均衡点,但是当政府支出改变时,对初始财富的边际效用、消费水平和劳动力供给水平有影响.

第 4 章

变分法简介及其经济应用

作为数学的一个分支,变分法的诞生,是现实世界许多现象不断探索的结果.约翰·伯努利 1696 年向全欧洲数学家挑战,提出了一个难题:设在垂直平面内有任意两点,一个质点受地心引力的作用,自高点下滑至低点,不计摩擦,问沿着什么曲线下滑时间最短? 这就是著名的最速降线问题.它的难点在于和普通的极大极小值求法不同,它要求出一个未知函数来满足所给的条件.这个问题的新颖性和别出心裁引起了学者的兴趣,罗比塔、雅可比·伯努利、莱布尼兹和牛顿都得到了解答.约翰的解法比较漂亮,而雅可比的解法虽然麻烦,但更具有一般性.拉格朗日得到了这一类问题的普通解法,从而确立了数学的一个新分支——变分学.

在现实中很多现象可以表达为泛函极值问题,我们称为变分问题.动态最优化问题一类重要的求解方法便是变分法,以下讨论主要依据古典变分法.

§4.1　变分法的几个基本概念

4.1.1　泛函的概念

1. 泛函

假定存在一类函数 $x(t)$，如果对每一个 $x(t)$ 都有一个变量 J 的值与之对应，则变量 J 称为依赖于函数 $x(t)$ 的泛函，记为 $J[x(t)]$.

$x(t)$ 应理解为一类函数的整体，$x(t)$ 作为自变量被称为泛函 $J[x(t)]$ 的宗量. 泛函 $J[x(t)]$ 不同于复合函数 $g[x(t)]$，复合函数 $g[x(t)]$ 最终是 t 的函数，而泛函 $J[x(t)]$ 则始终是 $x(t)$ 的函数，即 $x(t)$ 是以一个整体出现的. 注意，函数的定积分是一个泛函，如

$$J[x(t)] = \int_a^b x(t)dt.$$

2. 动态最优化中的目标函数

动态最优化中的目标函数由于其取决于状态变量 $x(t)$ 和控制变量 $u(t)$，即它是函数的函数，所以，它必定是一个泛函，并称为目标泛函. 如果目标在某一时点的值与时点 t 的系统状态 $x(t)$、系统状态的变化方向和变化率 $\dot{x}(t)$ 有关，则目标的时点值可以写成泛函 $F[t, x(t), \dot{x}(t)]$；另一种情形下，目标泛函为 $F[t, x(t), u(t)]$，其中 $\dot{x}(t)$ 换成了控制变量 $u(t)$.

3. 目标函数的总体值

如果目标函数的瞬时值是 $F[t, x(t), \dot{x}(t)]$ 或 $F[t, x(t), u(t)]$，则它在时间 $t \in [0, T]$ 上的总和就是积分

$$J[x(t)] = \int_0^T F[t, x(t), \dot{x}(t)]dt,$$

或

$$J[u(t)] = \int_0^T F[t, x(t), u(t)]dt,$$

这是动态最优化过程中目标函数的总体值.

4.1.2 泛函的变分

泛函 $J[x(t)]$ 的自变量 $x(t)$ 称为泛函的宗量. 注意,宗量是一个函数.

泛函宗量的变分:同属于一个函数类的 $\{x(t)\}$ 的两个函数 $x(t),x_0(t)$ 之差

$$\delta x(t) = x(t) - x_0(t),$$

称为宗量的变分. 其中,$x_0(t)$ 表示原来的函数,$x(t)$ 表示变化后的函数,它们是泛函 $J[x(t)]$ 的自变量的两个取值.

有了宗量的变分,就可以定义泛函的变分了.

泛函的变分:设 $J[x(t)]$ 是连续泛函,由宗量的变分 $\delta x(t)$ 得到泛函的增量

$$\Delta J = J(x + \delta x) - J(x) = F(x, \delta x) + r(x, \delta x),$$

其中,$r(x, \delta x)$ 是关于 δx 的高阶无穷小,$F(x, \delta x)$ 是 δx 的线性连续泛函,是泛函增量 ΔJ 的线性主部. 这样,$F(x, \delta x)$ 可以定义为泛函的变分,也可以称为泛函的一阶变分,记为

$$\delta J = F(x, \delta x), \tag{4.1}$$

或写成

$$\delta J = F[x(t), \delta x(t)].$$

注意,一般函数的微分就是取函数增量的线性主部. 显然,泛函的变分是仿照这一定义做出的. 线性主部的含义是指 ΔJ 关于 δx 的线性关系的主要部分,$F(x, \delta x)$ 是 δx 的线性连续泛函,因此,当用 $F(x, \delta x)$ 来代替 ΔJ 时所产生的误差是 δx 的高阶无穷小.

当泛函具有(4.1)这样的变分时,称泛函 $J[x(t)]$ 是可微的. 泛函的变分可以用求导的方法得到.

连续泛函 $J[x(t)]$ 的变分等于泛函 $J[x(t) + \varepsilon \delta x(t)]$ 在 $\varepsilon = 0$ 时对 ε 的导数

$$\delta J = \frac{\partial J[x(t) + \varepsilon \delta x(t)]}{\partial \varepsilon}\Big|_{\varepsilon = 0}.$$

下面给出泛函变分的运算法则.

设 F_1, F_2 是函数 $x, \dot{x}, t$ 的函数,即是泛函,则有:

$(1)\delta(F_1 + F_2) = \delta F_1 + \delta F_2$;

(2)$\delta(F_1 \times F_2) = F_1 \cdot \delta F_2 + F_2 \cdot \delta F_1$;

(3)$\delta \int_a^b F(x, \dot{x}, t) = \int_a^b \delta F(x, \dot{x}, t)$,即积分与变分可交换;

(4)$\delta \dot{x} = \dfrac{d(\delta x)}{dt}$,即导数与变分可交换.

§4.2 泛函的极值与变分法

泛函的极大值:设 $x(t)$ 是任意一条接近曲线 $x^*(t)$ 的曲线,如果

$$J[x(t)] - J[x^*(t)] \leqslant 0$$

恒成立,则称泛函 $J[x(t)]$ 在曲线 $x^*(t)$ 上达到极大值.

泛函极小值:设 $x(t)$ 是任意一条接近曲线 $x^*(t)$ 的曲线,如果

$$J[x(t)] - J[x^*(t)] \geqslant 0$$

恒成立,则称泛函 $J[x(t)]$ 在曲线 $x^*(t)$ 上达到极小值.

变分问题是求泛函的极大值或极小值,求泛函极值的方法是变分法. 变分问题的一般形式是:

$$\max(\min) \int_0^T F[t, x(t), \dot{x}(t)] dt$$

$$x(0) = x_0, x(T) = x_T, \tag{4.2}$$

其中,$F[t, x(t), \dot{x}(t)]$ 关于 $t, x(t), \dot{x}(t)$ 连续,且有对 $x(t), \dot{x}(t)$ 的连续偏导数. 一个使泛函达到极值的路径曲线叫极值曲线.

4.2.1 泛函极值的必要条件(一阶条件——欧拉方程)

如果可微泛函 $J[x(t)]$ 在曲线 $x^*(t)$ 上达到极大值(或极小值),则泛函 $J[x(t)]$ 在曲线 $x^*(t)$ 上的变分为零,即

$$\delta J[x^*(t)] = 0, \tag{4.3}$$

(4.3)是用变分符号表示的泛函极值的必要条件,即泛函的一阶变分等于 0. 下面给出用微分方程表示的泛函极值的一阶条件——欧拉方程.

对于(4.2)表示的泛函极值问题,$x^* = x^*(t)$ 是满足端点条件的最优化的极值曲

线的必要条件为

$$\frac{\partial F}{\partial x} - \frac{d(\partial F/\partial \dot{x})}{dt} = 0. \tag{4.4}$$

(4.4)就是欧拉方程. 可以看出欧拉方程是二阶微分方程,求泛函的极值就转化为解这个二阶微分方程,它的解就是极值曲线 $x^* = x^*(t)$.

二阶微分方程的通解有两个任意常数,使用给定的两个边界条件,可以确定这两个任意常数. 这也正是缺一个边界条件就要补上一个横截条件的原因. 欧拉方程与边界条件、横截条件共同构成泛函最优化的必要条件,而仅有欧拉方程是不够的.

4.2.2 泛函极值的充分条件(二阶条件)

在一阶条件的基础上,继续考察二阶变分的情况:

(1)若泛函 $J[x(t)]$ 在 $x^*(t)$ 处取局部极大值,其充分必要条件为

$$\delta J[x^*(t)] = 0, \delta^2 J[x^*(t)] < 0.$$

(2)若泛函 $J[x(t)]$ 在 $x^*(t)$ 处取局部极小值,其充分必要条件为

$$\delta J[x^*(t)] = 0, \delta^2 J[x^*(t)] > 0.$$

下面两节将在边界条件给定与缺失两种情形下讨论泛函极值的一阶与二阶条件;最后一节分析离散情形下的变分问题.

§4.3 固定边值问题

设 (t_0, x_0) 出发到 (t_1, x_1) 结束时的所有连续函数中选择一个函数来极大化或者极小化目标函数 $\int_{t_0}^{t_1} F(t, x(t), \dot{x}(t)) dt$,表示如下:

$$\max \int_{t_0}^{t_1} F(t, x(t), \dot{x}(t)) dt, \tag{4.5}$$

或者

$$\min \int_{t_0}^{t_1} F(t, x(t), \dot{x}(t)) dt, \tag{4.6}$$

受约束于

$$x(t_0) = x_0, x(t_1) = x_1,$$

其中,函数 $F:\mathbb{R}\times\mathbb{R}\times\mathbb{R}\to\mathbb{R}$ 为二阶连续可微的,定义这个问题的可行集合为:

$$K=\{x(t):\mathbb{R}\to\mathbb{R}\text{ 的连续可微的函数满足 }x(t_0)=x_0,x(t_1)=x_1\}.$$

4.3.1 最优性条件

引理 4.3.1 设函数 $f(t)$ 是连续可微的,如果对所有满足 $h(t_0)=h(t_1)=0$ 的连续函数 $h(t)$ 成立

$$\int_{t_0}^{t_1}f(t)h(t)dt=0,$$

则 $f(t)\equiv0$.

证明 设 $f(t)\neq0$,不妨设 $f(t)>0,\forall t$. 由于 $h(t)$ 是连续函数,构造函数 $h(t)$,即

$$h(t)=\begin{cases}(t-a)^2(b-t)^2, & a\leqslant t\leqslant b,\\0, & \text{其他},\end{cases}\quad[a,b]\subset[t_0,t_1].$$

显然,$h(t)$ 满足引理 4.3.1 的条件. 注意到

$$\int_{t_0}^{t_1}f(t)h(t)dt=\int_a^b f(t)(t-a)^2(b-t)^2dt>0,$$

与假设 $\int_{t_0}^{t_1}f(t)h(t)dt=0$ 矛盾.

引理 4.3.2 如果对所有满足 $h(t_0)=h(t_1)=0$ 的连续函数 $h(t)$ 成立

$$\int_{t_0}^{t_1}\{P(t)h^2(t)+Q(t)(h'(t))^2\}dt\leqslant0,$$

其中,函数 $P(t)$ 和 $Q(t)$ 是连续可微,则 $Q(t)\leqslant0$.

定理 4.3.1 如果 $x^*(t),t\in[t_0,t_1]$ 为(4.5)或者(4.6)的解,则 $x^*(t):t\in[t_0,t_1]$ 满足

(1)Euler 方程

$$F_x(t,x^*(t),(x^*(t))')=\frac{dF_{x'}(t,x^*(t),(x^*(t))')}{dt};$$

(2)边值条件

$$x(t_0)=x_0,x(t_1)=x_1;$$

(3)二阶条件

$$F_{x'x'}(t,x^*(t),(x^*(t))')\leqslant 0,(\max),$$

$$F_{x'x'}(t,x^*(t),(x^*(t))')\geqslant 0,(\min).$$

下面以极大值为例给出证明,极小值同理可证.

证明 设 $x^*(t):t\in[t_0,t_1]$ 为极大值点,设任意可行解 $x(t)\in K$,我们令

$$h(t)=x(t)-x^*(t),$$

显然函数 $h(t)$ 满足 $h(t_0)=h(t_1)=0$,因此对任意参数有 $a\in\mathbb{R}$,函数 $y(t)=x^*(t)+ah(t)$ 满足 $y(x_0)=x_0,y(t_1)=x_1$ 的连续可微函数,即 $y(t)=x^*(t)+ah(t)$ 为可行解. 构造函数

$$g(a)=\int_{t_0}^{t_1}F(t,y(t),y'(t))dt=\int_{t_0}^{t_1}F(t,x^*(t)+ah(t),(x^*(t))'+ah'(t))dt,$$

$g(a)$ 连续可微,且 $g(a)$ 在 $a=0$ 处取得极大值. 因此有

$$g'(0)=\int_{t_0}^{t_1}\{F_x(t,x^*(t),(x^*(t))')h(t)+F_{x'}(t,x^*(t),(x^*(t))')h'(t)\}dt$$

$$=\int_{t_0}^{t_1}F_x(t,x^*(t),(x^*(t))')h(t)dt+\int_{t_0}^{t_1}F_{x'}(t,x^*(t),(x^*(t))')dh(t)$$

$$=\int_{t_0}^{t_1}F_x(t,x^*(t),(x^*(t))')h(t)dt+F_{x'}(t,x^*(t),(x^*(t))')h(t)\Big|_{t_0}^{t_1}$$

$$-\int_{t_0}^{t_1}h(t)dF_{x'}(t,x^*(t),(x^*(t))')$$

$$=\int_{t_0}^{t_1}\{F_x(t,x^*(t),(x^*(t))')-\frac{d}{dt}F_{x'}(t,x^*(t),(x^*(t))')\}h(t)dt$$

$$=0.$$

由引理 4.3.1,我们得到 Euler 方程

$$F_x(t,x^*(t),(x^*(t))')=\frac{dF_{x'}(t,x^*(t),(x^*(t))')}{dt}.$$

又

$$g''(0)=\int_{t_0}^{t_1}\{F_{xx}(t,x^*(t),(x^*(t))')h^2(t)+2F_{xx'}(t,x^*(t),(x^*(t))')h(t)h'(t)$$

$$+F_{x'x'}(t,x^*(t),(x^*(t))')(h'(t))^2\}dt$$

$$=\int_{t_0}^{t_1}F_{xx}(t,x^*(t),(x^*(t))')h^2(t)+\int_{t_0}^{t_1}F_{xx'}(t,x^*(t),(x^*(t))')dh^2(t)$$

$$+ \int_{t_0}^{t_1} F_{x'x'}(t, x^*(t), (x^*(t))')(h'(t))^2 dt$$

$$= \int_{t_0}^{t_1} \{ [F_{xx}(t, x^*(t), (x^*(t))') - \frac{dF_{xx'}(t, x^*(t), (x^*(t))')}{dt}] h^2(t)$$

$$+ F_{x'x'}(t, x^*(t), (x^*(t))')(h'(t))^2 \} dt$$

$$\leqslant 0.$$

由引理 4.3.2,有极大值的二阶条件

$$F_{x'x'}(t, x^*(t), (x^*(t))') \leqslant 0.$$

4.3.2　几种特殊形式最简泛函的欧拉方程

(1)F 不依赖于 x',即 $F = F(t, x)$.

这时 $F_{x'} \equiv 0$,欧拉方程为 $F_x(t, x) = 0$,这个方程以隐函数形式给出 $x(t)$,但它可能不满足边值条件,因此变分问题无解.

(2)F 不依赖于 x,即 $F = F(t, x')$.

欧拉方程为

$$\frac{d}{dt} F_{x'}(t, x') = 0,$$

将上式积分一次,便得首次积分 $F_{x'}(t, x') = c_1$,由此可求出 $x' = \varphi(t, c_1)$,积分后得到可能的极值曲线族

$$x = \int \varphi(t, c_1) dt.$$

(3)F 只依赖于 x',即 $F = F(x')$.

这时有 $F_x = 0, F_{tx'} = 0, F_{xx'} = 0$,欧拉方程为

$$x'' F_{x'x'} = 0,$$

由此可设 $x'' = 0$ 或 $F_{x'x'} = 0$,如果 $x'' = 0$,则得到含有两个参数的直线族 $x = c_1 t + c_2$. 另外,若 $F_{x'x'} = 0$ 有一个或几个实根时,则除了上面的直线族外,又得到含有一个参数 c 的直线族 $x = kt + c$. 它包含于上面含有两个参数的直线族 $x = c_1 t + c_2$ 中,于是在 $F = F(x')$ 情况下,极值曲线必然是直线族.

(4)F 只依赖于 x 和 x',即 $F = F(x, x')$.

这时有 $F_{tx'}=0$,故欧拉方程为

$$F_x-x'F_{xx'}-x''F_{x'x'}=0,$$

此方程的首次积分为

$$F-x'F_{x'}=c_1.$$

事实上,注意到 F 不依赖于 t,于是有

$$\frac{d}{dt}(F-x'F_{x'})=F_xx'+F_{x'}x''-x''F_{x'}-x'\frac{d}{dt}F_{x'}=x'(F_x-\frac{d}{dt}F_{x'})=0.$$

例 4.3.1(最速降线问题) 设 A 和 B 是铅直平面上不在同一铅直线上的两点,在所有连接 A 和 B 的平面曲线中求一曲线,使质点仅受重力作用、初速度为零时沿此曲线从 A 滑行至 B 的时间最短.

解 将 A 点取为坐标原点,B 点取为 $B(x_1,y_1)$. 根据能量守恒定律,质点在曲线 $y(x)$ 上任一点处的速度 $\frac{ds}{dt}$ 满足(s 为弧长)

$$\frac{1}{2}m(\frac{ds}{dt})^2=mgy,$$

将 $ds=\sqrt{1+y'^2(x)}dx$ 代入上式得

$$dt=\sqrt{\frac{1+y'^2}{2gy}}dx,$$

于是质点滑行时间应标为 $y(x)$,得泛函

$$J(y(x))=\int_0^{x_1}\sqrt{\frac{1+y'^2}{2gy}}dx,$$

端点条件为 $y(0)=0,y(x_1)=y_1$,最速降线满足欧拉方程,因为

$$F(y,y')=\sqrt{\frac{1+y'^2}{y}}$$

不含自变量 x,所以欧拉方程为 $F_y-F_{yy'}y'-F_{y'y'}y''=0$,等价于

$$\frac{d}{dx}(F-y'F_{y'})=0,$$

做一次积分得 $y(1+y'^2)=c_1$.

令 $y'=\text{ctg}\,\theta/2$,则方程化为 $y=c_1/(1+y'^2)=c_1\sin^2(\theta/2)=c_1/2(1-\cos\theta)$,又因

$$dx = \frac{dy}{\text{ctg}(\theta/2)} = \frac{c_1 \sin(\theta/2)\cos(\theta/2)d\theta}{\text{ctg}(\theta/2)} = \frac{c_1}{2}(1-\cos\theta)d\theta$$

积分之,得 $x = c_1/2(\theta - \sin\theta) + c_2.$ 由边界条件 $y(0)=0$,可知 $c_2 = 0$,故得

$$\begin{cases} x = c_1/2(\theta - \sin\theta) \\ y = c_1/2(1 - \cos\theta) \end{cases}.$$

这是摆线的参数方程,其中常数 c_1 可利用另一边界条件 $y(x_1) = y_1$ 确定.

§4.4　自由边值问题

4.4.1　终点时间给定

对问题

$$\max(\min)\int_{t_0}^{t_1} F(t, x(t), x'(t))dt,$$

设在初始点和终点受约束于下面三种情况:

a. t_0, x_0, t_1 为给定,x_1 自由;

b. t_1, x_1, t_0 为给定,x_0 自由;

c. t_0, t_1 为给定,x_0, x_1 自由.

对于上面的问题,有:

定理 4.4.1　如果 $x^*(t): t \in [t_0, t_1]$ 为上面问题的解,则 $x^*(t): t \in [t_0, t_1]$ 满足:

(1)Euler 方程

$$F_x(t, x^*(t), (x^*(t))') = \frac{dF_{x'}(t, x^*(t), (x^*(t))')}{dt}.$$

(2)对应三种不同的初始条件和终点条件的边值条件和横截条件分别为

a′. $x(t_0) = x_0, F_{x'}(t, x^*(t), (x^*(t))')|_{t_1} = 0$;

b′. $x(t_1) = x_1, F_{x'}(t, x^*(t), (x^*(t))')|_{t_0} = 0$;

c′. $F_{x'}(t, x^*(t), (x^*(t))')|_{t_0} = 0, F_{x'}(t, x^*(t), (x^*(t))')|_{t_1} = 0.$

(3)二阶条件

$$F_{x'x'}(t,x^*(t),(x^*(t))') \geqslant 0 \quad (\min),$$

$$F_{x'x'}(t,x^*(t),(x^*(t))') \leqslant 0 \quad (\max).$$

证明 （2）现在证明第一种约束的情形，其余情形同理可证.

设 $x^*(t):t \in [t_0,t_1]$ 为问题的极大值点，对任意可行解 $x(t),x(t_0)=x_0$，定义

$$h(t)=x(t)-x^*(t).$$

显然函数 $h(t)$ 为连续函数，满足 $h(t_0)=0$，因此对任意参数有 $a \in \mathbb{R}$，函数 $y(t)=x^*(t)+ah(t)$ 满足 $y(t_0)=x_0$，因此为可行解. 考虑函数

$$g(a)=\int_{t_0}^{t_1}F(t,y(t),y'(t))dt=\int_{t_0}^{t_1}F(t,x^*(t)+ah(t),(x^*(t))'+ah'(t))dt,$$

$g(a)$ 连续可微，且 $g(a)$ 在 $a=0$ 处取得极大值. 因此有

$$g'(0)=\int_{t_0}^{t_1}\{F_x(t,x^*(t),(x^*(t))')h(t)+F_{x'}(t,x^*(t),(x^*(t))')h'(t)\}dt$$

$$=\int_{t_0}^{t_1}\{F_x(t,x^*(t),(x^*(t))')-\frac{d}{dt}F_{x'}(t,x^*(t),(x^*(t))')\}h(t)dt$$

$$+F_{x'}(t,x^*(t),(x^*(t))')|_{t_1}h(t_1)$$

$$=0.$$

上面的方程对任意满足 $h(t_0)=0$ 的连续函数 $h(t)$ 都成立. 不妨设 $h(t_1)=0$，这样对所有满足 $h(t_0)=h(t_1)=0$ 的连续函数 $h(t)$ 都成立

$$\int_{t_0}^{t_1}\{F_x(t,x^*(t),(x^*(t))')-\frac{d}{dt}F_{x'}(t,x^*(t),(x^*(t))')\}h(t)dt=0.$$

由引理 4.3.1，我们得到 Euler 方程

$$F_x(t,x^*(t),(x^*(t))')=\frac{dF_{x'}(t,x^*(t),(x^*(t))')}{dt}.$$

将上式代入等式 $g'(0)=0$，得到 $F_{x'}(t,x^*(t),(x^*(t))')|_{t_1}h(t_1)=0$，对任意的函数 $h(t)$ 满足 $h(t_0)=0$ 都成立. 因此，$F_{x'}(t,x^*(t),(x^*(t))')|_{t_1}=0$.

例 4.4.1（连续时间的 Ramsey 模型） 假设生活在 $[0,T]$ 期的消费者的效用函数为 $u(c)$，贴现率为 β，消费者的最大效用问题为

$$\max\int_0^T u(c)\mathrm{e}^{-\beta t}dt,$$

满足下面的预算约束方程和边值条件：

$$k' = f(k) - nk - c,$$

$$k(0) = k_0, k(T) = k_T,$$

求其解.

解　此时 $F = u(f(k) - nk - k')\mathrm{e}^{-\beta t}$,因此

$$F_k = u'(f(k) - nk - k')\mathrm{e}^{-\beta t}(f'(k) - n),$$

$$F_{k'} = -u'(f(k) - nk - k')\mathrm{e}^{-\beta t}.$$

因此,欧拉方程为

$$-u''(c)c' + \beta u'(c) = u'(c)(f'(k) - n),$$

$$c' = -\frac{u'(c)}{u''(c)}(f'(k) - n - \beta).$$

进一步,可以将问题归结为:

$$c' = -\frac{u'(c)}{u''(c)}(f'(k) - n - \beta),$$

$$k' = f(k) - nk - c,$$

$$k(0) = k_0, k(T) = k_T.$$

特别地,效用函数和生产函数分别为

$$u(c) = \ln c, \quad f(k) = Ak.$$

此时有

$$c' = c(A - n - \beta),$$

因此 $c(t) = c(0)\mathrm{e}^{(A-n-\beta)t}$,代入方程 $k' = Ak - nk - c$,有

$$k' = (A - n)k - c(0)\mathrm{e}^{(A-n-\beta)t},$$

可以得到解

$$ke^{-(A-n)t} = \int c(0)\mathrm{e}^{-\beta t}dt + c_1 = c(0)\frac{\mathrm{e}^{-\beta t}}{\beta} + c_1,$$

$$k = c(0)\frac{\mathrm{e}^{(A-n)t}\mathrm{e}^{-\beta t}}{\beta} + c_1\mathrm{e}^{(A-n)t},$$

将边值条件代入,可以得到显式解.

在上述的讨论中,如果终点的资本存量无限制,Ramsey 模型变成

$$\max\int_0^T u(c)\mathrm{e}^{-\beta t}dt,$$

满足下面的预算约束方程和边值条件:

$$k' = f(k) - nk - c,$$

$$k(0) = k_0.$$

求上面的问题,有

$$F_{k'}|_T = -u'(f(k) - nk - k')e^{-\beta t}|_T = -u'(c)e^{-\beta t}|_T = 0.$$

从上面的分析得到,消费水平路径是最优当且仅当在终点时消费的边际效用为零;否则,消费者总可以提高在 T 时刻的消费水平来增加效用,从而这个路径不是最优的. 注意,在这里消费者可以任意提高效用水平,这是可行的,因为对经济结束时的资本存量没有限制,消费者可以通过借贷来满足消费水平的提高.

4.4.2　终点时间待定

我们的问题为

$$\max(\min)\int_{t_0}^{t_1} F(t, x(t), x'(t))dt,$$

在初始点和终点分别为下面的受约束条件:

a. t_0, x_0 给定,t_1, x_1 自由;

b. t_0, x_0, x_1 给定,t_1 自由;

c. t_1, x_1 给定,t_0, x_0 自由;

d. t_1, x_1, x_0 给定,t_0 自由.

对于上面的问题,我们有:

定理 4.4.2　如果 $x^*(t): t \in [t_0, t_1]$ 为上面问题的解,则 $x^*(t): t \in [t_0, t_1]$ 满足:

(1)Euler 方程

$$F_x(t, x^*(t), (x^*(t))') = \frac{dF_{x'}(t, x^*(t), (x^*(t))')}{dt}.$$

(2)对应四种不同的初始条件和终点条件的边值条件和横截条件分别为

a′. $x(t_0) = x_0, F_{x'}(t, x^*(t), (x^*(t))')|_{t_1} = 0, F(t, x^*(t), (x^*(t))')|_{t_1} = 0$;

b′. $x(t_1) = x_1, [F(t, x^*(t), (x^*(t))') - x'F_{x'}(t, x^*(t), (x^*(t))')]|_{t_1} = 0$;

c'. $x(t_1)=x_1, F_{x'}(t,x^*(t),(x^*(t))')|_{t_0}=0, F(t,x^*(t),(x^*(t))')|_{t_0}=0$;

d'. $x(t_1)=x_1, [F(t,x^*(t),(x^*(t))')-x'F_{x'}(t,x^*(t),(x^*(t))')]|_{t_0}=0$.

(3)二阶条件

$$F_{x'x'}(t,x^*(t),(x^*(t))')\geqslant 0(\min),$$

$$F_{x'x'}(t,x^*(t),(x^*(t))')\leqslant 0(\max).$$

证明 (2)现在证明第一种约束的情形,其余情形同理可证.

设 $x^*(t):t\in[t_0,t_1]$ 为满足约束条件 a 时的问题的解,对任意可行解 $x(t)$, $t\in[t_0,t_1+\delta t_1]$,这样延拓 $x(t)$ 或者 $x^*(t)$ 定义使得它们具有相同的定义域. 不妨设 $\delta t_1>0$,这样我们需要延拓 $\tilde{x}^*(t)$ 定义,我们记为 $\tilde{x}^*(t),t\in[t_0,t_1+\delta t_1]$,

$$\tilde{x}^*(t)=\begin{cases} x^*(t), & t\in[t_0,t_1], \\ x^*(t_1)+(x^*(t))'|_{t_1}(t-t_1), & t\in[t_0,t_1+\delta t_1], \end{cases}$$

定义函数

$$h(t)=x(t)-\tilde{x}^*(t),$$

显然函数 $h(t)$ 为满足 $h(t_0)=0$ 的连续可微函数,这样对任意参数有 $a\in\mathbb{R}$,函数 $y(t)=\tilde{x}^*(t)+ah(t)$ 为可行解. 考虑在函数 $y(t)=\tilde{x}^*(t)+ah(t)$ 时的函数值,

$$g(a)=\int_{t_0}^{t_1+a\delta t_1}F(t,y(t),y'(t))dt$$

$$=\int_{t_0}^{t_1+a\delta t_1}F_x(t,\tilde{x}^*(t)+ah(t),(\tilde{x}^*(t))'+ah'(t))dt,$$

$g(a)$ 连续可微,且 $g(a)$ 在 $a=0$ 处取得极大值. 因此,由最优性条件有

$$g'(a)|_{a=0}=0, g''(0)\leqslant 0.$$

因此,我们有

$$g'(0)=\int_{t_0}^{t_1}\{F_x(t,x^*(t),(x^*(t))')h(t)+F_{x'}(t,x^*(t),(x^*(t))')h'(t)\}dt$$

$$+F(t_1,x^*(t_1),(x^*(t_1))')\delta t_1$$

$$=\int_{t_0}^{t_1}\{F_x(t,x^*(t),(x^*(t))')-\frac{d}{dt}F_{x'}(t,x^*(t),(x^*(t))')\}h(t)dt$$

$$+F(t_1,x^*(t_1),(x^*(t_1))')\delta t_1+F_{x'}(t,x^*(t),(x^*(t))')\big|_{t_1}h(t_1)$$

$$=0.$$

由定义知道

$$\delta x_1 \triangleq x(t_1+\delta t_1)-x^*(t_1)\approx x(t_1)+x'(t_1)\delta t_1-x^*(t_1)$$

$$\approx h(t_1)+(x^*(t_1))'\delta t_1.$$

因此我们得到

$$g'(0)=\int_{t_0}^{t_1}\{F_x(t,x^*(t),(x^*(t))')-\frac{d}{dt}F_{x'}(t,x^*(t),(x^*(t))')\}h(t)dt$$

$$+[F(t,x^*(t),(x^*(t))')-(x^*)'F_{x'}(t,x^*(t),(x^*(t))')]\big|_{t_1}\delta t_1$$

$$+F_{x'}(t,x^*(t),(x^*(t))')\big|_{t_1}\delta x_1$$

$$=0.$$

因为终点时刻和终点的函数值是任意的,所以上面的方程对任意的 $\delta t_1,\delta x_1$ 都成立. 选取特殊的可行解使得它们满足 $\delta t_1=\delta x_1=0$,从而得到欧拉方程

$$F_x(t,x^*(t),(x^*(t))')=\frac{dF_{x'}(t,x^*(t),(x^*(t))')}{dt},$$

代入原式,得到

$$[F(t,x^*(t),(x^*(t))')-(x^*)'F_{x'}(t,x^*(t),(x^*(t))')]\big|_{t_1}\delta t_1$$

$$+F_{x'}(t,x^*(t),(x^*(t))')\big|_{t_1}\delta x_1=0.$$

由 $\delta t_1,\delta x_1$ 的任意性,我们可以得到

$$F(t,x^*(t),(x^*(t))')\big|_{t_1}=0,F_{x'}(t,x^*(t),(x^*(t))')\big|_{t_1}=0.$$

例 4.4.2(最短距离问题) 从 $(0,0)$ 出发到达点 B 的最短距离,问题可以表示为:

$$\min\int_0^T(1+(x')^2)^{\frac{1}{2}}dt$$

$$\text{s. t. } x(0)=0.$$

解 $F=\sqrt{(1+(x')^2)}$,因此

$$F_x=0,F_{x'}=1/\sqrt{1+(x')^2}\cdot x'.$$

欧拉方程为

$$-\frac{\mathrm{d}}{\mathrm{d}t}(F'_x)=0,\ \text{即}\frac{\mathrm{d}}{\mathrm{d}t}\left(\frac{x'}{\sqrt{1+(x')^2}}\right)=0.$$

于是有

$$x'=c_1,$$

得到解为 $x(t)=c_1t+c_2.$

因此,从 $(0,0)$ 出发到达 B 的路径中以直线段为最短.

第 5 章

经济系统的稳定性分析

　　系统的稳定性问题是控制系统研究的重要课题之一,因为任何一个实际控制系统在运行过程中的稳定状态,是影响该控制系统实现预定目标的一个重要因素,如果事前知道控制系统在运行时的稳定性不理想甚至不稳定,就可以根据系统状态.采取一定的控制措施,以改善系统稳定性不理想的状态.由此可见,研究系统稳定性具有极其重要的现实意义.

　　控制论的基本特征是在运动和发展中观察控制系统,并研究它的动态过程.所谓动态概念,是指系统从一种状态变为另一种状态,它是作为过渡过程的结果出现的,而不是瞬时完成的.动态系统可分为平衡体制、过渡体制和周期体制三种,这里的平衡体制和周期体制都是稳态体制.但稳定性与平衡并不是同一概念,平衡只是稳定态的一种表现形式.

　　稳定性概念是指某一状态序列的不变性,但它允许平衡状态中有一种偏离域.如果系统稳定性受到破坏则称为振荡.

　　在经济控制论中,动态性是经济系统的主要特点之一,这种动态性包括经济发展的客观规律本身,也包括人的自觉干预过程.为了保证经济系统中的各个机制处于最优的活动状态,排除可能发生或已经发生的振荡,关键是要在经济系统的各个不同发展阶段上创造平衡和稳定的条件,使经济系统的运动不要偏离稳定域的范围.为了实现这一目标,必须对经济系统的动态过程进行预测,因此,我们需要研究系统的结构、内部的相互关系和与外界的联系、系统的发展途径等.研究动态平衡,目的是为使系统运动尽可能接近最优控制目标,并在稳定域中达到平衡状态.

早在 200 多年前,亚当·斯密曾提出著名的"看不见的手"的观点.他认为每日每时都有众多的人生产并出售各种产品,而另外一些人则购买并消费这些产品,供给与需求在市场的运行中总能自行调节并趋向于供需均衡的状态.他认为,因为有一只"看不见的手",即市场调节机制起着稳定作用.但是,后来人们发现,在市场调节机制下,经济系统并不总能趋于平衡状态,而是出现周期性波动并有可能导致经济危机的发生,这使经济系统变得不稳定,这正是凯恩斯提出"国家干预经济"的原因.由此看来,探讨经济系统的稳定性,对分析经济系统的结构特征、了解经济系统的动态发展规律、预测经济发展趋势以及对经济系统进行调控等,都具有重要的现实意义.

本章将对离散时间经济系统及连续时间经济系统两部分进行介绍.

§5.1　离散时间定常线性系统稳定性的定义

定义 5.1.1　设 x 是 n 维实向量空间 R^n 中的向量,如果对应于 x 的非负实数 $\|x\|$ 满足如下三个条件:

(1) $\|x\| \geqslant 0$,且 $\|x\|=0$ 当且仅当 $x=0$;

(2) 对任意实常数 α,$\|\alpha x\|=|\alpha| \cdot \|x\|$,其中 $|\alpha|$ 表示实数 α 的绝对值;

(3) 对任意 $x,y \in R^n$,有

$$\|x+y\| \leqslant \|x\| + \|y\| \text{(三角不等式)},$$

则称 $\|x\|$ 为向量 x 的**范数**.

例如,设 $x=(x_1,x_2,\cdots,x_n)^T \in R^n$,定义

$$\|x\|_1 = \sum_{i=1}^n |x_i|, \qquad \text{(称之为 1－范数)}$$

$$\|x\|_p = (\sum_{i=1}^n x_i^p)^{1/p}, p=2,3,\cdots, \qquad \text{(称之为 } p \text{－范数)}$$

$$\|x\|_\infty = \max_{1 \leqslant i \leqslant n} |x_i| = \max\{|x_1|,|x_2|,\cdots,|x_n|\}. \qquad \text{(称之为无穷范数)}$$

不难发现,以上范数都满足定义 5.1.1 中的三个条件. 由此可知,向量的范数往往不是唯一的,可以证明 R^n 上的不同范数都是等价的. 通常,记向量的范数为 $\|x\|$,而不指明是哪一种范数.

给定离散时间系统:

$$x(t+1)=f[x(t),t],t=0,1,2,\cdots, \tag{5.1}$$

其中,$x(t)\in R^n$,$f[\cdot,\cdot]$为已知的 n 维向量函数.

(5.1)的分量形式为

$$x_i(t+1)=f_i[x_1(t),\cdots,x_n(t),t],i=1,2,\cdots,n,t=0,1,2,\cdots.$$

类似于连续情形,这里我们给出离散情形稳定性定义.

定义 5.1.2 设 $x^*(t)$ 是系统(5.1)满足初始条件 $x^*(0)=x^*$ 的一个特解,$\tilde{x}_0$ 为给定的初始状态;$x(t)$ 是系统(5.1)满足初始条件 $x(0)=x_0$ 的任意解,x_0 为任意的初始状态.

(1)如果对任给的 $\varepsilon>0$,存在正整数 t^* 和数 $\delta=\delta(\varepsilon,t^*)>0$,使当 $\|x_0-x_0^*\|<\delta$ 时,恒有

$$\|x(t)-x^*(t)\|<\varepsilon,\forall t=t^*+1,t^*+2,\cdots$$

则称系统(5.1)关于特解 $x^*(t)$ 是李雅普诺夫意义下稳定的,简称系统(5.1)是稳定的.

(2)如果系统(5.1)是稳定的,且存在数 $\delta^*>0$,使当 $\|x_0-x_0^*\|<\delta^*$ 时,有

$$\lim_{t\to\infty}\|x(t)-x^*(t)\|=0, \tag{5.2}$$

则称系统(5.1)关于特解 $x^*(t)$ 为局部渐近稳定的,简称系统(5.1)为**局部渐近稳定**的.

(3)如果系统(5.1)是稳定的,且对任何初始状态 $x(0)=x_0\in R^n$,式(5.2)恒成立,则称系统(5.1)关于特解 $x^*(t)$ 为全局渐近稳定的,简称系统(5.1)为**全局渐近稳定或渐近稳定**的.

不难看出,全局渐近稳定系统一定是局部渐近稳定系统,局部渐近稳定系统一定是稳定系统;反之,不然.

定义 5.1.3 如果存在常向量 $x_e\in R^n$,使得

$$x_e=f(x_e,t) \tag{5.3}$$

对 $t=0,1,2,\cdots$ 恒成立,则称 x_e 为系统(5.1)的一个**平衡状态或均衡状态**.

显然,系统(5.1)的平衡状态 x_e 为其中一个特解. 因此,定义 5.2.2 对平衡状态 x_e 同样适用.

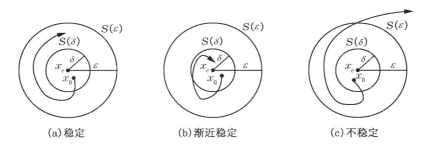

(a)稳定　　　　　　(b)渐近稳定　　　　　　(c)不稳定

图 5.1.1　李雅普诺夫意义下的稳定性

图 5.1.1 给出了李雅普诺夫意义下的稳定性三种可能情形的直观描述. 图中,

$$S(\delta)=\{x_0\mid \parallel x_0-x_e\parallel <\delta,x_0\in R^n\},$$

$$S(\varepsilon)=\{x(t)\mid \parallel x(t)-x_e\parallel <\varepsilon,x(t)\in R^n\}.$$

(a)稳定:从 $S(\delta)$ 中任意一点 x_0 出发的解 $x(t)$ 不会超过 $S(\varepsilon)$;

(b)渐近稳定:从 $S(\delta)$ 中任意一点 x_0 出发的解 $x(t)$ 将返回 $S(\delta)$ 并趋向 x_e;

(c)不稳定:从 $S(\delta)$ 中任意一点 x_0 出发的解 $x(t)$ 将超出 $S(\varepsilon)$ 并与 x_e 越来越远.

§5.2　离散时间定常线性系统稳定性的判别

在经济系统中,我们经常需要将常系数线性经济模型转化为状态空间模型,这时转化后的模型中多数是离散时间定常线性系统.

$$x(t+1)=Ax(t)+Bu(t),\tag{5.4}$$

其中,$x(t)$、$u(t)$ 分别为 n 维状态向量和 m 维控制向量,A、B 分别为 $n\times n$、$n\times m$ 常数矩阵.

当控制向量 $u(t)$ 和初始状态 $x(0)=x_0^*$ 给定后,可以求出系统(5.4)的特解

$$\widetilde{x}(t)=A^t x_0^* + \sum_{k=0}^{t-1} A^{t-1-k}Bu(k),t=1,2,\cdots$$

于是做变换

$$\overline{x}(t)=x(t)-x^*(t),$$

可得

$$\overline{x}(t+1)=A\overline{x}(t). \tag{5.5}$$

所以,讨论系统(5.4)关于特解 $\tilde{x}(t)$ 的稳定性等价于讨论齐次系统(5.5)关于零解的稳定性.

给定离散时间定常线性系统

$$x(t+1)=Ax(t), \tag{5.6}$$

其中, $x(t)\in R^n$, A 为 $n\times n$ 常数矩阵.

设矩阵 A 的 n 个特征值为 $\lambda_1,\lambda_2,\cdots,\lambda_n$,即 $\lambda_1,\lambda_2,\cdots,\lambda_n$ 为特征方程

$$|\lambda I-A|=0 \tag{5.7}$$

的 n 个根(重根按重数计算).

由 Cayley-Hamilton 定理可知, $\forall A\in P^{n\times n}$ ($n\times n$ 方阵). $f(r)=|rE-A|$ 是 A 的特征多项式,则 $f(A)=0$. 因此对任一方阵 A,总可以找到一个多项式 $f(x)$,使 $f(A)=0$. 此时,也称多项式 $f(x)$ 以 A 为根.

设 $A\in P^{n\times n}$,在数域上的以 A 为根的多项式中,次数最低的首项系数为 1 的那个多项式,称为 A 的最小多项式.

定理 5.2.1 (1)系统(5.6)渐近稳定的充要条件是: $|\lambda_i|<1$, $i=1,\cdots,n$,即 n 个特征值全部位于复平面的单位圆内.

(2)系统(5.6)稳定的充分必要条件是: $|\lambda_i|\leqslant1$, $i=1,\cdots,n$,且当 $|\lambda_i|=1$ 时, λ_i 为矩阵 A 的最小多项式的单根.

(3)如果存在某个特征值 λ_i,有 $|\lambda_i|>1$ 或 $|\lambda_i|=1$,且 λ_i 为 A 的最小多项式的重根,则系统(5.6)不稳定.

证明略.

例 5.2.1 讨论系统

$$x(t+1)=\begin{bmatrix}0&1\\a&1\end{bmatrix}x(t)$$

的稳定性,其中 a 为常数.

解 特征方程为

$$|\lambda I - A| = \lambda^2 - \lambda - a = 0.$$

情形一: $1+4a>0$ 或 $a>-0.25$ 时,特征值为

$$\lambda_{1,2} = \frac{1}{2}(1 \pm \sqrt{1+4a}),$$

由此可得

①当 $-0.25<a<0$ 时, $|\lambda_{1,2}|<1$,由定理 5.2.1(1)知系统渐近稳定

②当 $a=0$ 时, $\lambda_1=0$, $\lambda_2=1$,由定理 5.2.1(2)知系统稳定

③当 $a>0$ 时, $\lambda_1 = \frac{1}{2}(1+\sqrt{1+4a})>1$,由定理 5.2.1(3)知系统不稳定.

情形二: $1+4a=0$ 或 $a=-0.25$ 时,特征值为 $\lambda_1 = \lambda_2 = 0.5$,由定理 5.2.1(1)知系统渐近稳定.

情形三: $1+4a<0$ 或 $a<-0.25$ 时,特征值为

$$\lambda_{1,2} = \frac{1}{2}(1 \pm j\sqrt{-(1+4a)})$$

由此可得

①当 $-1<a<-0.25$ 时, $|\lambda_{1,2}| = \sqrt{\left(\frac{1}{2}\right)^2 + \left(\frac{\sqrt{-(1+4a)}}{2}\right)^2} = \sqrt{-a}<1$,由定理

5.2.1(1)知系统渐近稳定

②当 $a=-1$ 时,系统稳定, $\lambda_{1,2} = \frac{1}{2}(1 \neq j\sqrt{3})$, $|\lambda_{1,2}|=1$ 且是单根,由定理 5.2.1(2)

知系统稳定

③当 $a<-1$ 时, $|\lambda_{1,2}|>1$,由定理 5.2.1(3)知系统不稳定.

综上所述,有结论:

$$\begin{cases} -1<a<0 \text{ 时,系统渐近稳定} \\ a=-1 \text{ 或 } a=0 \text{ 时,系统稳定,但非渐近稳定.} \\ a<-1 \text{ 或 } a>0 \text{ 时,系统不稳定} \end{cases}$$

定理 5.2.1 是离散时间系统稳定性理论中的基本定理,其他稳定性判定定理都是在该定理的基础上发展而来的.因为在实际运用中我们发现该定理对稳定性进行判定是不方便的.所以,人们一直在探索其他更方便、直接的稳定性判定方法.

5.2.1 利用特征多项式判定稳定性

设 n 阶方阵 A 的特征多项式为

$$P_n(\lambda) = |\lambda I - A| = a_0\lambda^n + a_1\lambda^{n-1} + \cdots + a_{n-1}\lambda + a_n, \tag{5.8}$$

其中，$a_0 = 1, a_i \in R, i = 1, \cdots, n.$

如果 $P_n(\lambda) = 0$ 的根（即 A 的特征值）全在复平面单位圆内（即 $|\lambda_i| < 1, i = 1, \cdots, n$），则称 $P_n(\lambda)$ 为稳定多项式或 A 为稳定矩阵，此时系统(5.6)为渐近稳定的. 设

$W(n,i) = a_i, i = 0, 1, \cdots, n,$

即 $W(n,0) = a_0, W(n,1) = a_1, W(n,2) = a_2, \cdots, W(n,n) = a_n.$

$$W(m,i) = \begin{vmatrix} W(m+1,0) & W(m+1,m+1-i) \\ W(m+1,m+1) & W(m+1,i) \end{vmatrix}$$

$$= W(m+1,0)W(m+1,i) - W(m+1,m+1)W(m+1,m+1-i)$$

$$m = 2, 3, \cdots, n-1; i = 0, 1, \cdots, m.$$

如：当 $n = 3$ 时，$P_3(\lambda) = a_0\lambda^3 + a_1\lambda^2 + a_2\lambda + a_3$，此时

$$W(2,0) = \begin{vmatrix} W(3,0) & W(3,3) \\ W(3,3) & W(3,0) \end{vmatrix} = \begin{vmatrix} a_0 & a_3 \\ a_3 & a_0 \end{vmatrix} = 1 - a_3^2,$$

$$W(2,2) = \begin{vmatrix} W(3,0) & W(3,1) \\ W(3,3) & W(3,2) \end{vmatrix} = \begin{vmatrix} a_0 & a_1 \\ a_3 & a_2 \end{vmatrix} = a_2 - a_1a_3.$$

有如下的朱利(Jury)判别定理：

定理 5.2.2(朱利判据) 特征多项式(5.8)为稳定多项式或系统(5.6)渐近稳定的充要条件为

$$\begin{cases} P_n(1) > 0, (-1)^n P_n(-1) > 0 \\ W(2,0) > |W(2,2)| \\ W(m,0) > 0, m = 3, \cdots, n-1 \end{cases}.$$

注：第三个不等式仅当 $n > 3$ 时出现.

推论 5.2.1 设二阶方阵 A 的特征多项式为

$$P_2(\lambda) = |\lambda I - A| = \lambda^2 + a_1\lambda + a_2,$$

则 A 为稳定矩阵或系统(5.5)渐近稳定的充分必要条件为

$$|a_2|<1,|a_1|<1+a_2.$$

事实上,由 $W(2,0)>|W(2,2)|$ 可知 $a_0>|a_2|$,即 $P|a_2|<1$;又由 $P_2(1)=1+a_1+a_2>0$ 知 $a_1>-(1+a_2)$,由 $(1-1)^n P_2(-1)=1-a_1+a_2>0$ 知 $a_1<1+a_2$,因此有 $|a_1|<1+a_2$.

推论 5.2.2　设三阶方程 A 的特征多项式为

$$P_3(\lambda)=|\lambda I-A|=\lambda^3+a_1\lambda^2+a_2\lambda+a_3,$$

则 A 为稳定矩阵或系统(5.6)渐近稳定的充分必要条件为

$$\begin{cases} 1+a_1+a_2+a_3>0 \\ 1-a_1+a_2-a_3>0 \\ 1-a_3^2>|a_2-a_1a_3| \end{cases}.$$

事实上,由 $P_3(1)>0$ 可知 $1+a_1+a_2+a_3>0$,由 $(-1)^3 P_3(-1)>0$ 知 $1-a_1+a_2-a_3>0$,又由 $W(2,0)>|W(2,2)|$ 知 $1-a_3^2>|a_2-a_1a_3|$.

5.2.2　利用矩阵 A 判定稳定性

定理 5.2.3　设 $A=(a_{ij})_{n\times n}$,若 $a_{ij}\geqslant 0(i,j=1,\cdots,n)$,且 a_{ij} 不全为零,则系统(5.6)渐近稳定的充要条件为:矩阵 $I-A$ 的 n 个顺序主子式全为正,即

$$1-a_{11}>0,\begin{vmatrix} 1-a_{11} & -a_{12} \\ -a_{21} & 1-a_{22} \end{vmatrix}>0,\cdots,\begin{vmatrix} 1-a_{11} & -a_{12} & \cdots & -a_{1n} \\ -a_{21} & 1-a_{22} & \cdots & -a_{2n} \\ \vdots & \vdots & \ddots & \vdots \\ -a_{n1} & -a_{n2} & \cdots & 1-a_{nn} \end{vmatrix}>0.$$

定理 5.2.4　系统(5.6)渐近稳定的充要条件为

$$\lim_{t\to\infty}A^t=0.$$

定理 5.2.5　系统(5.6)渐近稳定的必要条件为

$$|\det A|<1,|\operatorname{tr}A|<n,$$

其中,$\det A$、$\operatorname{tr}A$ 分别表示矩阵 A 的行列式、迹(矩阵 A 主对角线元素之和).

定理 5.2.6　系统(5.6)渐近稳定的充分条件为

$$\sum_{i=1}^n |a_{ij}|<1,j=1,2,\cdots,n, \qquad\qquad (列和)$$

或

$$\sum_{j=1}^{n} |a_{ij}| < 1, i = 1, 2, \cdots, n,$$ （行和）

其中设 $A = (a_{ij})_{n \times n}$.

§5.3　单商品市场供需均衡时价格运动的稳定性分析

我们所说的单商品市场供需均衡条件下价格运动的数学模型,也称蜘网模型,其一般形式为

$$\begin{cases} D_t = D(p_t), D'(\cdot) < 0 \\ S_t = S(p_t^*), S'(\cdot) > 0 \\ p_t^* = f(p_{t-1}^*, p_{t-1}, p_{t-2}, \cdots) \\ D_t = S_t \end{cases}, \quad (5.9)$$

其中,D_t、S_t 分别为 t 期单商品的需求量和供求量,p_t、p_t^* 分别为 t 期单商品的实际价格和生产者预期价格.式中第一个方程为需求函数,它是实际价格 p_t 的单调减函数;第二个方程为供给函数,它是预期价格 p_t^* 的单调增函数;第三个方程为预期价格设定方程,表明生产者在设定 t 期预期价格 p_t^* 时,要考虑 $t-1$ 期预期价格 p_{t-1}^* 以及 t 期以前各期实际价格的变化情况;第四个方程为供需均衡条件.

下面讨论需求、供给函数为线性函数,而预期价格函数为传统预期、参照正常价格预期、适应性预期和心理预期等四种情形模型的稳定性.

5.3.1　传统预期价格模型——蜘网模型

下面是预期价格为传统预期的价格运动模型:

$$\begin{cases} D_t = a - bp_t, a > 0, b > 0 \\ S_t = -\alpha + \beta p_t^*, \alpha \geqslant 0, \beta > 0 \\ p_t^* = p_{t-1} \\ D_t = S_t \end{cases}, \quad (5.10)$$

于是可得:

$$p_t = -\frac{\beta}{b} p_{t-1} + \frac{a+\alpha}{b}, \tag{5.11}$$

其解为

$$p_t = (p_0 - p_e)\left(-\frac{\beta}{b}\right)^t + p_e, t = 0, 1, 2, \cdots, \tag{5.12}$$

其中,

$$p_e = \frac{a+\alpha}{b+\beta} > 0$$

为系统(5.10)或(5.11)的平衡状态,称为均衡价格.

由以上的求解可知:

(1)由于 $b > 0$、$\beta > 0$,故 $-\frac{\beta}{b} < 0$. 此时,价格 p_t 将围绕均衡价格 p_e 做振荡运动.

(2)当 $0 < \beta < b$ 时,$|-\beta/b| < 1$,故 $\lim\limits_{t \to \infty} p_t = p_e$,价格 p_t 将围绕均衡价格 p_e 做衰减振动运动,p_t 关于 p_e 是渐近稳定的.

(3)当 $\beta = b$ 时,$|-\beta/b| = 1$,价格 p_t 将围绕均衡价格 p_e 做等幅振荡运动,p_t 关于 p_e 稳定但不是渐近稳定.

(4)当 $\beta > b$ 时,$|-\beta/b| > 1$,故有 $\lim\limits_{t \to \infty} p_t = \infty$,价格 p_t 将围绕均衡价格 p_e 做无限增大的振荡运动,系统不稳定.

5.3.2 参照正常价格的预期价格模型

下面是预期价格为参照正常价格的价格运动模型:

$$\begin{cases} D_t = a - b p_t, a > 0, b > 0 \\ S_t = -\alpha + \beta p_t^*, \alpha \geq 0, \beta > 0 \\ p_t^* = p_{t-1} + c(p_N - p_{t-1}), 0 < c < 1 \\ D_t = S_t \end{cases}, \tag{5.13}$$

其中,p_N 称为"正常价格",它表示生产者认为市场上迟早或应该达到的价格.

式(5.13)中的预期价格 p_t^* 表明,生产者是在前期实际价格 p_{t-1} 的基础上调整本期的预期价格. 当前期价格 p_{t-1} 低于正常价格 p_N 时,上调本期预期价格;当前期价格 p_{t-1} 高于正常价格 p_N 时,下调本期预期价格. 要确定价格 p_t 并研究其稳定性,

应先确定正常价格 p_N. 在这里，假设正常价格 p_N 为常数，并等于静态均衡价格或传统预期的均衡价格 p_e.

令 $p_N = p_e$，则由式(5.13)可得 $-bp_t = -a - \alpha + \beta[cpe + (1-c)p_{t-1}]$，则

$$p_t = -\frac{(1-c)p}{b}p_{t-1} + \frac{a+\alpha}{b} - \frac{Bc}{b}pe,$$

于是价格 p_t 的运动方程为

$$p_t = -\frac{(1-c)\beta}{b}p_{t-1} + \left[1 + \frac{(1-c)\beta}{b}\right]p_e, \tag{5.14}$$

显然，均衡价格 p_e 是价格方程(5.14)的一个特解或平衡状态. 因此，价格方程(5.14)的解为

$$p_t = (p_0 - p_e)\left[-\frac{(1-c)\beta}{b}\right]^t + p_e, t = 0, 1, 2, \cdots. \tag{5.15}$$

由(5.15)可知：

(1) p_t 将围绕均衡价格 p_e 做振荡运动，$\left(因 \frac{(1-c)\beta}{b} < \frac{\beta}{b}\right)$，因此振荡幅度小于传统预期模型解 p_t 的振荡幅度.

(2) 模型(5.13)渐近稳定的充要条件为 $0 < \beta < b/(1-c)$.

5.3.3　适应性预期价格模型

下面是适应性预期价格运动模型：

$$\begin{cases} D_t = a - bp_t, a > 0, b > 0 \\ S_t = -\alpha + \beta p_t^*, \alpha \geqslant 0, \beta > 0 \\ p_t^* = p_{t-1}^* + \delta(p_{t-1} - p_{t-1}^*), 0 < \delta < 1 \\ D_t = S_t \end{cases}, \tag{5.16}$$

其中，预期价格 p_t^* 是在上期预期价格 p_{t-1}^* 的基础上进行调整，若上期实际价格 p_{t-1} 高于同期预期价格 p_{t-1}^*，则本期预期价格 p_t^* 上调；反之，则下调.

对系统(5.16)进行求解，可得两期预期价格

$$p_t^* = \frac{1}{\beta}\left[(a+\alpha) - bp_t\right], p_{t-1}^* = \frac{1}{\beta}\left[(a+\alpha) - bp_{t-1}\right],$$

将其代入(5.16),可得

$$p_t = \left[1 - \frac{\delta}{b}(a+\alpha)\right]p_{t-1} + \frac{\delta}{b}(a+\alpha),\qquad(5.17)$$

显然(5.17)的平衡状态为

$$p_e = \frac{a+\alpha}{b+\beta},$$

此即传统预期价格模型的均衡价格 p_e.

由此可得,(5.17)的解为

$$p_t = (p_0 - p_e)\left[1 - \frac{\delta}{b}(b+\beta)\right] + p_e.\qquad(5.18)$$

因此,(5.17)渐近稳定的充要条件为

$$\left|1 - \delta\left(1 + \frac{\beta}{b}\right)\right| < 1.$$

于是,可得以下结论:适应性预期价格模型(5.16)渐近稳定的充要条件为

$$0 < \beta < \frac{(2-\delta)b}{\delta}.$$

5.3.4　心理预期价格模型

下面是心理预期价格运动模型:

$$\begin{cases} D_t = a - bp_t, a>0, b>0 \\ S_t = -\alpha + \beta p_t^*, \alpha \geqslant 0, \beta > 0 \\ p_t^* = p_{t-1} + \rho(p_{t-1} - p_{t-2}) \\ D_t = S_t \end{cases}.\qquad(5.19)$$

上式中的预期价格方程表明,生产者根据前期实际价格 p_{t-1} 和前期实际价格变化 $\Delta p_{t-1} = p_{t-1} - p_{t-2}$ 确定本期预期价格 p_t^*,当 $\rho>0$ 时,称为外推预期,反映对实际价格总是看涨的生产者的心理;当 $\rho=0$ 时,即为传统预期;当 $\rho<0$ 时,称为内推预期,反映对实际价格偏于保守的人的心理.

由(5.19)可得

$$p_t = -\frac{\beta(1+\rho)}{b}p_{t-1} + \frac{\beta\rho}{b}p_{t-2} + \frac{a+\alpha}{b}.\qquad(5.20)$$

设 (5.20) 有特解 $p_t = \tilde{p}$, 则

$$\tilde{p} = \frac{a+\alpha}{b+\beta} = p_e,$$

此即传统预期价格模型的均衡价格 p_e.

(5.20) 为二阶差分方程, 为了将其变为一阶差分方程, 令

$$x_1(t) = p_{t+1} - p_e, \quad x_2(t) = p_t - p_e,$$

则 (5.20) 可变为

$$\begin{cases} x_1(t+1) = -\dfrac{\beta(1+\rho)}{b}x_1(t) + \dfrac{\beta\rho}{b}x_2(t), \\ x_2(t+1) = x_1(t) \end{cases},$$

将其改写成矩阵形式得

$$x(t+1) = Ax(t). \tag{5.21}$$

其中,

$$\begin{cases} x(t) = \begin{bmatrix} x_1(t) \\ x_2(t) \end{bmatrix} = \begin{bmatrix} p_{t+1} - p_e \\ p_t - p_e \end{bmatrix} \\ A = \begin{bmatrix} -\dfrac{\beta(1+\rho)}{b} & \dfrac{\beta\rho}{b} \\ 1 & 0 \end{bmatrix} \end{cases},$$

(5.21) 的特征多项式为

$$p_2(\lambda) = |\lambda I - A| = \lambda^2 + \frac{\beta(1+\rho)}{b}\lambda - \frac{\beta\rho}{b}.$$

由定理 5.2.2 可知, 系统 (5.21) 渐近稳定的充要条件为

$$\begin{cases} P_2(1) = 1 + \dfrac{\beta(1+\rho)}{b} - \dfrac{\beta\rho}{b} = 1 + \dfrac{\beta}{b} > 0 & (5.22(a)) \\ (-1)^2 P_2(-1) = 1 - \dfrac{\beta(1+\rho)}{b} - \dfrac{\beta\rho}{b} = 1 - \dfrac{\beta(1+2\rho)}{b} > 0. & (5.22(b)) \\ \left| -\dfrac{\beta\rho}{b} \right| < 1 \text{ 或 } |\rho| < \dfrac{b}{\beta} & (5.22(c)) \end{cases}$$

因 $b > 0$, $\beta > 0$, 故 (5.22(a)) 自然成立. 于是, 系统 (5.21) 渐近稳定的充要条件为 (5.22(b)) 和 (5.22(c)) 同时成立. 由 (5.22(b))、(5.22(c)) 可得

$$\begin{cases} \rho < \dfrac{b-\beta}{2\beta} \\ -\dfrac{b}{\beta} < \rho < \dfrac{b}{\beta} \end{cases},$$

因为

$$\frac{b}{\beta} - \frac{b-\beta}{2\beta} = \frac{b+\beta}{2\beta} > 0,$$

因此有

$$\frac{b-\beta}{2\beta} < \frac{b}{\beta}.$$

于是,可得:心理预期价格模型(5.19)渐近稳定的充要条件为

$$-\frac{b}{\beta} < \rho < \frac{b-\beta}{2\beta}.$$

§5.4　动态乘数模型的稳定性分析

下面讨论动态乘数模型

$$Y_t = C_t + I_t + G_t. \tag{5.23}$$

的稳定性,其中 Y_t 为 t 期国民收入(即国民生产总值 GNP 或国内生产总值 GDP), C_t 为 t 期消费水平, I_t 为 t 期投资水平, G_t 为 t 期政府支出

设消费函数为

$$C_t = \overline{C} + bY_{t-1}, 0 < b < 1 \tag{5.24}$$

其中, $\overline{C} \geqslant 0$,为基本消费水平或自发消费水平.

再设政府支出为外生的不变常数,即设

$$G_t \equiv \overline{G} > 0, \tag{5.25}$$

将(5.24)(5.25)代入(5.23)中,得

$$Y_t = bY_{t-1} + I_t + \overline{C} + \overline{G}. \tag{5.26}$$

以下分三种情形分别来讨论系统的稳定性.

情形 1　各类投资为不变常数时,即设 $I_t \equiv \overline{I} > 0$,其中, $\overline{I}$ 称为自发投资.

将其代入(5.26),得

$$Y_t = bY_{t-1} + A, A = \overline{C} + \overline{I} + \overline{G}, \tag{5.27}$$

其中,A 为自发总需求.

(5.27)的平衡状态或均衡收入为

$$Y_e = \frac{A}{1-b},$$

这里 $\frac{1}{1-b}$ 称为凯恩斯乘数. 所谓乘数,即为放大倍数,表示政府支出 $\overline{G}$(或自发投资 $\overline{I}$、自发消费 $\overline{C}$)增加(减少)1 个单位时,均衡收入 Y_e 将增加(减少)$\frac{1}{1-b} > 1$ 个单位.

于是(5.27)的解为

$$Y_t = (Y_0 - Y_e)b^t + Y_e, \tag{5.28}$$

因 $0 < b < 1$,故有

$$\lim_{t \to \infty} Y_t = Y_e.$$

由此可知,系统(5.27)是渐近稳定的,且由式(5.28)可知,当 $Y_0 < Y_e$ 时,Y_t 单调递增收敛于 Y_e;当 $Y_0 > Y_e$ 时,Y_t 单调递减收敛于 Y_e;当 $Y_0 = Y_e$ 时,$Y_t \equiv Y_e$.

情形 2 设投资函数为

$$I_t = \overline{I} + hY_{t-1}, \tag{5.29}$$

其中,$\overline{I}$ 为自发投资,hY_{t-1} 为引致投资,$0 < h < 1$ 为边际投资倾向,表示上期收入增加 1 个百分点时本期投资将增加 h 个百分点.

将(5.29)代入(5.26),得

$$Y_t = (b+h)Y_{t-1} + A, \tag{5.30}$$

其中,A 为自发总需求. 于是(5.30)的解为

$$Y_t = \begin{cases} (Y_0 - Y_e)(b+h)^t + Y_e, & b+h \neq 1 \\ Y_0 + At, & b+h = 1 \end{cases}. \tag{5.31}$$

其中,

$$Y_e = \frac{A}{1-(b+h)}, b+h \neq 1.$$

于是可得,当 $0 < b+h < 1$ 时,$Y_e > 0$,系统(5.30)渐近稳定;当 $b+h \geqslant 1$ 时,系统

(5.30)不稳定.

情形 3 政府调控宏观经济的手段之一就是通过各种增减税收或调整税率等政策来实现的. 考虑有税收的情况:

$$
\begin{cases}
Y_t = C_t + I_t + \overline{G} \\
C_t = \overline{C} + dY_{t-1}^d, \ \overline{C} \geqslant 0, \ 0 < b < 1 \\
Y_t^d = Y_t - T_t - \overline{TR}, \ \overline{TR} > 0 \\
T_t = \tau Y_t, \ 0 < \tau < 1 \\
I_t = \overline{I} + hY_{t-1}
\end{cases}
\tag{5.32}
$$

其中, T_t 为 t 期税收总额, Y_t^d 为 t 期可支配收入, $\overline{TR}$ 为净转移支付, τ 为边际税率. 于是可得

$$
Y_t = (b + h - b\tau)Y_{t-1} + \overline{Y},
\tag{5.33}
$$

其中, $\overline{Y} = \overline{C} + \overline{I} + \overline{G} + b\overline{TR}$.

设 $1 + b\tau - (b+h) > 0$, 于是, 式(5.33)的解为

$$
Y_t = (Y_0 - Y_e)(b + h - b\tau)^t + Y_e.
$$

其中, $Y_e = \overline{Y} / [1 + b\tau - (b+h)]$,

因此(5.33)渐近稳定的充要条件为

$$
|b + h - b\tau| < 1 \ \text{或} \ b(1-\tau) + h < 1.
$$

因 $b(1-\tau) + h < b + h$, 故考虑税后的系统(5.33)比未考虑税后的系统(5.30)更稳定. 如此表明, 税收能够改善宏观经济运行状态.

第 6 章

连续线性系统半稳定性分析

对于一个给定的控制系统,稳定性是系统的一个重要特性,是一个系统能正常工作的前提. 它描述在初始条件作用下系统方程的解是否具有收敛性,与输入作用无关,因此,系统的稳定性是控制系统分析的重要方面.

随着科学的发展和航空、航天工业发展的需要,使得稳定性问题分析的复杂性与日俱增. 1892 年,李雅普诺夫发表了《运动稳定性的一般问题》,建立了运动稳定性的一般理论和方法,它不仅适用于单变量、线性、定常系统,还适用于多变量、非线性、时变系统,这些理论和方法在现代控制系统的发展及应用中都是不可或缺的.

众所周知,多主体网络系统的一个基本特征是这些系统都拥有一个连续的平衡状态. 由于在每一个非孤立首位平衡状态的领域内都包含另一个平衡状态,而渐近稳定是相对于孤立平衡状态而言的,它是指当对系统的平衡状态有微小的扰动时,只要时间充分大,系统的状态轨线能收敛到平衡状态. 如果一个连续线性系统是渐近稳定的,那么这个系统的系统矩阵的特征值都在复平面的左半开平面. 因此,对于拥有一个连续平衡状态的系统来说,渐近稳定就不是一个适当的稳定性概念. 在这样的系统中,这个连续的平衡点就表示所期望的收敛状态,这个收敛状态不仅依赖于系统本身,同时依赖于系统的初始条件.

极限状态依赖于初始条件的系统不仅仅只限于网络系统,在其他系统中也可以看到,如房屋系统,它产生于化学动力学、生物医学、环境学、经济学、力学和热力学等系统中.在所有的这些拥有一个连续平衡状态的系统中,半稳定性而不是渐近稳定性是和稳定性相关的一个概念.半稳定性是系统的一个性质,这个性质是指从系统的一个李雅普诺夫稳定平衡状态的领域内出发的每一条轨线都收敛于一个李雅普诺夫稳定平衡状态(可能是不同的).事实上,可能存在一个系统,其状态轨线收敛于一个平衡状态集合而不收敛于任何一个单独的平衡状态.同样,平衡状态集合的半稳定性也并不能推出集合是稳定的,因为集合的稳定性是就距离而言的,我们构造一个动态系统使其是半稳定的,而其半稳定性的定义域并不包含平衡状态的集合的任一 $\varepsilon-$领域.也就是说,平衡状态集合的半稳定性和集合稳定性是两个不相关的概念,因此半稳定性的分析和研究就显得尤为重要.

§6.1　半稳定性的定义

定义 6.1.1　记 $f(x,t):\mathbb{R}^n\times[0,\infty)\to\mathbb{R}^q,x\in\mathbb{R}^n$. 如果对某一个 $\varepsilon>0$,存在 $c>0$,使得

$$\|f(x_1,t)-f(x_2,t)\|\leqslant c\|x_1-x_2\|,\forall x_1,x_2\in B_\varepsilon(x),t\geqslant0,\qquad(6.1)$$

则称 f 关于 x 是局部李普希兹连续的.

考虑动态系统

$$\dot{x}(t)=f(x(t)),x(0)=x_0,t\geqslant0,\qquad(6.2)$$

其中,$x(t)\in D\subseteq\mathbb{R}^n,t\geqslant0$,且 $f:D\to\mathbb{R}^q$ 在 D 上是局部李普希兹连续的.

定义 6.1.2　自治系统(6.2)的平衡状态 x_e 定义为状态空间中满足如下属性:

$$\dot{x}_e\equiv0,\forall t\geqslant0.$$

定义 6.1.3　设系统(6.2)满足初始条件 $x(0)=x_0$ 的解为 $\psi(t,x_0)$,则 $\psi(0,x_0)=x_0$,记 $\psi_t=\psi(\cdot,x),U\subseteq\mathbb{R}^n$,

(1)若 $\forall t\geqslant0,\psi_t(U)\subseteq U$,则称集合 U 在系统(6.2)下是正不变的;

(2) 若 $\forall t\geqslant0,\psi_t(U)=U$,则称集合 U 在系统(6.2)下是不变的.

定义 6.1.4　设 $D\subseteq R^n$ 在系统(6.2)下是正不变的,x_e 是系统的一个平衡状态,

（1）如果对 $\forall \varepsilon > 0$，都存在 $\delta = \delta(\varepsilon) > 0$，使得当 $x_0 \in B_\delta(x_e) \cap D$ 时，

$x(t) \in B_\varepsilon(x_e) \cap D, t \geqslant 0$，

则称系统（6.2）的平衡解 $x(t) \equiv x_e \in D$ 是关于李雅普诺夫稳定的；

（2）如果系统（6.2）是关于李雅普诺夫稳定的，且存在 $\delta > 0$，使得当 $x_0 \in B_\delta(x_e) \cap D$ 时，$\lim\limits_{t \to \infty} x(t)$ 存在，且极限值是 D 中的一个李雅普诺夫稳定平衡点，则称系统（6.2）的平衡解 $x(t) \equiv x_e \in D$ 是关于 D 半稳定的；

（3）如果在 D 中的每一个平衡点都是关于 D 半稳定的，则称系统（6.2）是关于 D 半稳定的.

定义 6.1.5 设 $x_e \equiv 0$ 是系统（6.2）的孤立平衡状态，如果

（1）x_e 在系统（6.2）中是李雅普诺夫稳定的；

（2）$\forall t \geqslant 0, \exists \delta = \delta(t_0) > 0$，使得 $\| x_0 \| < \delta \Rightarrow \lim\limits_{t \to \infty} x(t) = 0$，则称系统（6.2）是渐近稳定的.

从上面定义可以看出，系统（6.2）是渐近稳定的一定是半稳定的，而半稳定一定是李雅普诺夫稳定的.

引理 6.1.1 设系统（6.2）对任意初始状态 $x \in G$，系统轨线 $O^x (O^x = \psi^x([0, \infty)))$ 是有界的（即 O^x 包含在一个紧集中）且存在一个连续函数 $V: G \to \mathbb{R}$，使得 $V(x) \geqslant 0$，$\dot{V}(x) \leqslant 0, \forall x \in G$. 如果 $\dot{V}^{-1}(x)$ 的最大不变子集 M 中的任一点都是李雅普诺夫稳定的，则系统（6.2）关于 G 是半稳定的.

在接下来的讨论中，主要考虑如下的连续线性时不变自治系统：

$$\dot{x}(t) = Ax(t), x(0) = x_0, t \geqslant 0. \tag{6.3}$$

其中，$A \in \mathbb{R}^{n \times n}, x(t) \in \mathbb{R}^n$ 是系统的状态. 系统（6.3）是半稳定的当且仅当矩阵 A 是半稳定的.

定义 6.1.6 设 $\lambda \in \sigma(A)$ 则称 λ 是半单的，如果 λ 的代数重数和几何重数相等，即 $am_A(\lambda) = gm_A(\lambda)$，其中，$\sigma(A)$ 表示矩阵 A 的特征值集合，$am_A(\lambda)$ 表示矩阵 A 的特征值 λ 的代数重数，$gm_A(x)$ 表示矩阵 A 的特征值 λ 的几何重数.

引理 6.1.2 设矩阵 $A \in \mathbb{R}^{n \times n}$，如果 $\lambda \in \sigma(A)$，那么下面的叙述是等价的：

（1）λ 是半单的；

（2）$N[(\lambda I - A)^2] = N(\lambda I - A)$；

（3）λ 所对应的 Jordan 块的阶数为 1.

定义 6.1.7　设矩阵 $A \in \mathbb{R}^{n \times n}$，如果 $\sigma(A) \subseteq \{s \in \mathbb{C} : \text{Re} s < 0\} \bigcup \{0\}$，且当 $0 \in \sigma(A)$ 时，0 是半单的，则称矩阵 A 是半稳定的.

定义 6.1.8　设 $A \in \mathbb{C}^{n \times n}$，称使得 $rank A^k = rank A^{k+1}$ 成立的最小正整数 k 为 A 的指标，记为 $ind(A) = k$.

定义 6.1.9　设 $A \in \mathbb{C}^{n \times n}$，且 $ind(A) = k$，如果存在矩阵 $X \in \mathbb{C}^{n \times n}$，使得

$$A^k X A = A^k,$$

$$XAX = X,$$

$$AX = XA,$$

则称矩阵 X 为 A 的 Drazin 逆，记为 A^D. 当 $ind(A) = 1$ 时，称 A 的 Drazin 逆为 A 的群逆，记为 $A^\sharp$.

定理 6.1.1　若矩阵 $A \in \mathbb{R}^{n \times n}$ 是半稳定的，则 $A^\sharp$ 存在且 $\lim\limits_{t \to \infty} e^{At} = I_n - AA^\sharp$.

证明　由矩阵 A 半稳定的定义可知，$A^\sharp$ 存在，由引理 6.1.1 可知，存在可逆矩阵 S, A_1，使得 $A = S \begin{bmatrix} A_1 & 0 \\ 0 & 0 \end{bmatrix} S^{-1}$，且

$$A^\sharp = S \begin{bmatrix} A_1^{-1} & 0 \\ 0 & 0 \end{bmatrix} S^{-1},$$

其中 $\sigma(A_1) \subseteq \{s \in \mathbb{C} : \text{Re} s < 0\}$，则

$$\lim_{t \to \infty} e^{At} = \lim_{t \to \infty} S \begin{bmatrix} e^{A_1 t} & 0 \\ 0 & I \end{bmatrix} S^{-1} = S \begin{bmatrix} 0 & 0 \\ 0 & I \end{bmatrix} S^{-1}$$

$$= I - S \begin{bmatrix} A_1 & 0 \\ 0 & 0 \end{bmatrix} S^{-1} S \begin{bmatrix} A_1^{-1} & 0 \\ 0 & 0 \end{bmatrix} S^{-1}$$

$$= I - AA^\sharp.$$

证毕.

注：由定义 6.1.4 和定义 6.1.7 知，系统（6.2）是半稳定的当且仅当矩阵 A 是半稳定的. 此时，由定理 6.1.1 知，$\forall x_0 \in \mathbb{R}^n$，$\lim\limits_{t \to \infty} x(t)$ 存在或等价于 $\lim\limits_{t \to \infty} e^{At}$ 存在，且

$$\lim_{t \to \infty} e^{At} = I_n - AA^\sharp.$$

定理 6.1.2：设 $A \in \mathbb{C}^{n \times n}$，则 $A^{\#}$ 存在的充要条件是存在非奇异矩阵 S，A_1，使得

$$A = S \begin{bmatrix} A_1 & 0 \\ 0 & 0 \end{bmatrix} S^{-1},$$

此时，$A^{\#} = S \begin{bmatrix} A_1^{-1} & 0 \\ 0 & 0 \end{bmatrix} S^{-1}$.

引理 6.1.3 如果系统(6.3)是半稳定的，那么对任意的半正定矩阵 $R \in \mathbb{R}^{n \times n}$，都有

$$\int_0^{\infty} (x(t) - x_e)^T R (x(t) - x_e) dt < \infty,$$

其中 $x_e = (I_n - AA^{\#}) x_0$.

证明 由于系统(6.3)是半稳定的，则 A 是半稳定的，根据定理 6.1.1 知，一定存在一个可逆矩阵 $S \in \mathbb{C}^{n \times n}$，使得

$$A = S \begin{bmatrix} A_1 & 0 \\ 0 & 0 \end{bmatrix} S^{-1},$$

其中，$A_1 \in \mathbb{C}^{r \times r}$，$r = \text{rank} A$，且 $\sigma(A_1) \subseteq \{s \in \mathbb{C} : \text{Re} s < 0\}$.

设 $z(t) \triangleq S^{-1} x(t)$，$z_e \triangleq S^{-1} x_e$，$t \geqslant 0$，那么系统(6.3)就可以写为

$$\dot{z}(t) = \begin{bmatrix} A_1 & 0 \\ 0 & 0 \end{bmatrix} z(t), z(0) = S^{-1} x_0, t \geqslant 0.$$

因此，$\lim\limits_{t \to \infty} z_i(t) = 0$，$i = 1, \cdots, r$，且 $z_j(t) = z_j(0)$，$j = r+1, \cdots, n$，也就是说，$z_e = [0, \cdots, 0, z_{r+1}(0), \cdots, z_n(0)]^T$. 因此，

$$\int_0^{\infty} (x(t) - x_e)^T R (x(t) - x_e) dt$$

$$= \int_0^{\infty} (z(t) - z_e)^H S^H R S (z(t) - z_e) dt$$

$$= \int_0^{\infty} \hat{z}^H(t) S^H R S \hat{z}(t) dt,$$

其中，$\hat{z}(t) \triangleq [z_1(t), \cdots, z_r(t), 0, \cdots, 0]^T$. 由于

$$\dot{\hat{z}}(t) = \begin{bmatrix} A_1 & 0 \\ 0 & 0 \end{bmatrix} \hat{z}(t),$$

且 $\sigma(A_1) \subseteq \{s \in \mathbb{C} : \mathrm{Re}\, s < 0\}$，因此 $\int_0^\infty (x(t) - x_e)^T R(x(t) - x_e) dt < \infty$.

引理 6.1.4　如果系统(6.3)是半稳定的，对任意的半正定矩阵 $R \in \mathbb{R}^{n \times n}$，定义

$$P \triangleq \int (AA^{\#})^T e^{A^T t} R e^{At} AA^{\#} dt, \tag{6.4}$$

则 P 的定义是合理的，也就是说 $\| P \| < \infty$.

证明　对任意的 $x_0 \in \mathbb{R}^n$，令 $x_e = (I_n - AA^{\#})x_0$，则

$$e^{At} x_e = e^{At}(I_n - AA^{\#})x_0 = e^{At} x_0 - e^{At} AA^{\#} x_0$$

$$= \sum_{n=0}^\infty \frac{(At)^n}{n!} x_0 - \sum_{n=0}^\infty \frac{(At)^n}{n!} AA^{\#} x_0$$

$$= (I - AA^{\#})x_0 = x_e.$$

所以

$$x_0^T P x_0 = \int_0^\infty x_0^T (AA^{\#})^T e^{A^T t} R e^{At} AA^{\#} x_0 dt$$

$$= \int_0^\infty (x_0 - x_e)^T e^{A^T t} R e^{At} (x_0 - x_e) dt$$

$$= \int_0^\infty (x(t) - x_e)^T R(x(t) - x_e) dt.$$

由于 R 是半正定的，由引理 6.1.3 可知 P 的定义是合理的，且 $P \geqslant 0$.

引理 6.1.5　如果系统(6.3)是半稳定的，那么对任意的半正定矩阵 $R \in \mathbb{R}^{n \times n}$，由式(6.4)定义的 P 满足式子

$$(A^k)^T (A^T P + PA + R) A^k = 0. \tag{6.5}$$

证明　由于 $AA^{\#}A = A$ 且 $Ae^{At} = e^{At}A$，因此

$$(A^k)^T (A^T P + PA) A^k$$

$$= (A^k)^T \Big[A^T \int_0^\infty (AA^{\#})^T e^{A^T t} R e^{At} AA^{\#} dt + \int_0^\infty (AA^{\#})^T e^{A^T t} R e^{At} AA^{\#} dt A \Big] A^k$$

$$= \int_0^\infty (A^{k+1})^T e^{A^T t} R e^{At} A^k dt + \int_0^\infty (A^k)^T e^{A^T t} R e^{At} A^{k+1} dt$$

$$= \int_0^\infty \frac{d}{dt} \big[(A^k)^T e^{A^T t} R e^{At} A^k \big] dt$$

$$= -(A^k)^T R A^k,$$

于是(6.5)成立.

方程(6.5)是系统(6.3)半稳定性的一个李雅普诺夫方程,我们称(6.5)为半稳定李雅普诺夫方程.

推论 6.1.1 如果系统(6.3)是半稳定的,那么对任意的半正定矩阵 $R \in \mathbb{R}^{n \times n}$,都存在一个半正定矩阵 $P \in \mathbb{R}^{n \times n}$,使得(6.5)式成立.

§6.2　半稳定性的判定

在上一节中,主要给出了系统半稳定性的定义,简要说明了系统半稳定、李雅普诺夫稳定与渐近稳定之间的区别和联系.本节主要讨论线性连续系统(6.3)是半稳定的判定方法,也就是系统是半稳定的充分或充要条件.为此,先给出下面一些新的概念:

定义 6.2.1 设 $A \in \mathbb{R}^{n \times n}, C \in \mathbb{R}^{q \times n}$. 如果

$$\bigcap_{i=1}^{n} N(CA^{i-1}) = N(A), \tag{6.6}$$

称 (A, C) 是半可观的.

定义 6.2.2 设 $A = (a_{ij}) \in \mathbb{C}^{m \times n}, B = (b_{ij}) \in \mathbb{C}^{p \times q}$,则称分块矩阵

$$\begin{bmatrix} a_{11}B & \cdots & a_{1n}B \\ \vdots & \ddots & \vdots \\ a_{m1}B & \cdots & a_{mn}B \end{bmatrix} \in \mathbb{C}^{mp \times nq}$$

为 A 与 B 的克罗内克积,或称为 A 与 B 直积或张量积,简记为 $A \otimes B = (a_{ij}B)_{mp \times nq}$.

定义 6.2.3 设 $A \in \mathbb{C}^{n \times n}, B \in \mathbb{C}^{m \times m}$,则称

$$A \otimes I_m + I_n \otimes B$$

为 A 与 B 的克罗内克和,记为 $A \oplus B$.

定义 6.2.4 设 $A = (col_1(A), col_2(A), \cdots, col_m(A)) \in \mathbb{C}^{n \times m}$,令

$$vec(A) = \begin{bmatrix} col_1(A) \\ col_2(A) \\ \vdots \\ col_m(A) \end{bmatrix},$$

则称 $vec(A)$ 为矩阵 A 的列拉直算子. vec 称为拉直算子.

拉直算子有如下一些运算性质：

性质 1　$A = vec^{-1}(vec(A)), e^{X \oplus Y} = e^X \otimes e^Y, xy^T = vec^{-1}(y \otimes x).$

性质 2　设 $A \in \mathbb{C}^{m \times n}, B \in \mathbb{C}^{n \times s}, C \in \mathbb{C}^{s \times r},$ 则 $vec(ABC) = (C^T \otimes A)vec(B).$

性质 3　设 $A \in \mathbb{C}^{n \times n}, B \in \mathbb{C}^{m \times m}, A \in \mathbb{C}^{n \times m},$ 则存在 $X \in \mathbb{C}^{n \times m},$ 满足

$$AX + XB + C = 0,$$

当且仅当 X 满足

$$(B^T \oplus A)vec(X) + vec(C) = 0.$$

定义 6.2.5　设 $A \in \mathbb{R}^{n \times n}, C \in \mathbb{R}^{q \times n}.$ 如果

$$k = \min\{m \in Z_+ : \bigcap_{i=1}^{n} N(CA^{i+k-1}) = N(A)\}, \tag{6.7}$$

称 (A, C) 是弱 k－半可观的.

根据上面的定义可知，半可观是零状态可观性到平衡状态可观性的一个推广. 如果 $N(A) = \{0\}$，那么半可观性的定义就变成了标准的可观性定义. 而弱 k－半可观是半可观的一个推广，若 $k = 0$，则 (A, C) 就是半可观的，且 (A, C) 是弱 k－半可观的当且仅当 (A, CA^k) 是半可观的.

引理 6.2.1　设 $C \in \mathbb{R}^{q \times n},$ 且 $R = C^T C,$ 则

$$N\begin{bmatrix} R \\ RA \\ \vdots \\ RA^{n-1} \end{bmatrix} = N\begin{bmatrix} C \\ CA \\ \vdots \\ CA^{n-1} \end{bmatrix}. \tag{6.8}$$

证明　根据 $R = C^T C,$ 可知

$$x \in N[C^T (CA)^T \cdots (CA^{n-1})^T]^T$$
$$\Leftrightarrow Cx = 0, CAx = 0, \cdots, CA^{n-1}x = 0,$$
$$\Leftrightarrow x^T C^T Cx = 0, x^T A^T C^T CAx = 0, \cdots, x^T (A^{n-1})^T C^T CA^{n-1}x = 0,$$
$$\Leftrightarrow Rx = 0, RAx = 0, R^{n-1}Ax = 0,$$
$$\Leftrightarrow x \in N[R^T (RA)^T \cdots (RA^{n-1})^T]^T.$$

所以，(6.8)式成立.

由上面引理可知，若 $C \in \mathbb{R}^{q \times n}$ 且 $R = C^T C,$ 则 (A, C) 是半可观的（或弱 k－半可观的）等价于 (A, R) 是半可观的（或弱 k－半可观的）.

引理 6.2.2 如果存在矩阵 $P,R \in \mathbb{R}^{n \times n}$，且 $P,R \geqslant 0$，使得

$$A^T P + PA + R = 0, \tag{6.9}$$

$$N \begin{bmatrix} R \\ RA \\ \vdots \\ RA^{n-1} \end{bmatrix} = N(A), \tag{6.10}$$

那么：$(1) N(P) \subset N(A) \subset N(R)$；$(2) N(A) \bigcap R(A) = \{0\}$.

引理 6.2.3 若存在矩阵 $P,R \in \mathbb{R}^{n \times n}$ 且 $P,R \geqslant 0$ 使得 (6.9)、(6.10) 成立，则系统 (6.3) 是半稳定的.

引理 6.2.4 如果存在半正定矩阵 $P,R \in \mathbb{R}^{n \times n}$，使得 (6.10) 成立，且 (A,R) 是弱 k - 半可观的，则

$$(1) N(PA^k) \subseteq N(A) \subseteq N(RA^k)；(2) N(A) \bigcap R(A) = \{0\}. \tag{6.11}$$

证明 由弱 k - 半可观的定义可知，$\bigcap\limits_{i=1}^{n} N(RA^{i+k-1}) = N(A)$，所以

$$\bigcap\limits_{i=1}^{n} N((A^k)^T RA^{i+k-1}) = \bigcap\limits_{i=1}^{n} N(RA^{i+k-1}) = N(A).$$

令 $\tilde{Q} = (A^k)^T RA^k$，$\tilde{P} = (A^k)^T PA^k$，则 $\tilde{P},\tilde{Q} \geqslant 0$. 方程 (6.5) 变为

$$A^T \tilde{P} + \tilde{P}A + \tilde{Q} = 0.$$

又因为 $N(\tilde{Q}) = N((A^k)^T RA^k) = N(RA^k)$，所以 $\bigcap\limits_{i=1}^{n} N(\tilde{Q}A^{i-1}) = N(A)$，根据引理 6.2.2 知，$(1) N(\tilde{P}) \subseteq N(A) \subseteq N(\tilde{Q})$，$(2) N(A) \bigcap R(A) = \{0\}$. 而 $N(\tilde{P}) = N((A^k)^T PA^k) = N(PA^k)$，所以 (6.11) 成立.

引理 6.2.5 系统 (6.3) 是半稳定的当且仅当对任意的满足 (A,C) 是半可观的矩阵 $C \in \mathbb{R}^{q \times n}$，都存在一个半正定矩阵 $P \in \mathbb{R}^{n \times n}$，使得

$$A^T P + PA + R = 0 \tag{6.12}$$

成立，其中 $R = C^T C$.

定理 6.2.1 系统 (6.3) 是半稳定的当且仅当对任意的满足 (A,C) 是弱 k - 半可观的矩阵 $C \in \mathbb{R}^{q \times n}$，都存在一个半正定矩阵 $P \in \mathbb{R}^{n \times n}$，使得 (6.5) 成立，其中 $R = C^T C$.

证明 必要性由推论 6.1.1 直接得到，下证充分性.

因为 (A,C) 是弱 $k-$半可观的,所以 (A,CA^k) 是半可观的,定义 $\tilde{P}=(A^k)^T P A^k$,则 $\tilde{P}\geqslant 0$,(6.5)变为

$$A^T\tilde{P}+\tilde{P}A+(A^k)^T C^T C A^k=0,\tag{6.13}$$

根据引理 6.2.5 可知,系统(6.3)是半稳定的.

引理 6.2.6　设 $A\in\mathbb{R}^{n\times n}$,$B\in\mathbb{R}^{m\times m}$,如果 A 和 B 都是半稳定的,那么 $A\oplus B$ 是半稳定的.

证明　设 $\lambda\in\sigma(A)$,$\mu\in\sigma(B)$. 由于 A 和 B 都是半稳定的,因此 $\mathrm{Re}\lambda<0$ 或者 $\lambda=0$ 且 $\mathrm{am}_A(0)=\mathrm{gm}_A(0)$,$Re\mu<0$ 或者 $\mu=0$ 且 $\mathrm{am}_B(0)=\mathrm{gm}_B(0)$. 又由定理 6.2.1 知,$\lambda+\mu\in\sigma(A\oplus B)$,所以 $\sigma(A\oplus B)\subseteq\{s\in\mathbb{C}:\mathrm{Re}s<0\}\bigcup\{0\}$,且

$$gm_A(0)gm_A(0)\leqslant gm_{A\oplus B}(0)\leqslant am_{A\oplus B}(0)=am_A(0)am_A(0),$$

所以 $gm_{A\oplus B}(0)=am_{A\oplus B}(0)$. 因此 $A\oplus B$ 是半稳定的.

注:设 $A\in\mathbb{C}^{n\times n}$,$B\in\mathbb{C}^{m\times m}$,$\lambda\in\sigma(A)$,$\mu\in\sigma(B)$,则

(1)$r=\lambda+\mu\in\sigma(A\oplus B)$;

(2)$\sum gm_A(\lambda)gm_B(\mu)\leqslant gm_{(A\oplus B)}(r)\leqslant am_{(A\oplus B)}(r)=\sum am_A(\lambda)am_B(\mu)$,其中 $\sum$ 是对所有的 $\lambda\in\sigma(A)$ 和 $\mu\in\sigma(B)$ 使得 $\lambda+\mu=r$ 求和.

引理 6.2.7　设 $A\in\mathbb{R}^{n\times n}$,$x\in\mathbb{R}^n$,且 A 是半稳定的,那么 $\displaystyle\int_0^\infty \mathrm{e}^{At}x\,dt$ 存在当且仅当 $x\in R(A)$. 此时,$\displaystyle\int_0^\infty \mathrm{e}^{At}x\,dt=-A^\sharp x$.

定理 6.2.2　系统(6.3)是半稳定的当且仅当对任意的半正定矩阵 $R\in\mathbb{R}^{n\times n}$ 满足 (A,R) 是弱 $k-$半可观的,都存在一个正定矩阵 $\hat{P}\in\mathbb{R}^{n\times n}$,使得

$$A^T\hat{P}+\hat{P}A+(A^k)^T R A^k=0\tag{6.14}$$

成立,且 $\hat{P}$ 不唯一.

进一步,如果 (A,R) 是弱 $k-$半可观的且 $\hat{P}$ 满足(6.14),则

$$\hat{P}=\int_0^\infty \mathrm{e}^{A^T t}(A^k)^T R A^k \mathrm{e}^{At}\,dt+P_0,\tag{6.15}$$

其中,P_0 满足

(1) $A^T P_0+P_0 A=0$ 且 $P_0>-\displaystyle\int_0^\infty \mathrm{e}^{A^T t}(A^k)^T R A^k \mathrm{e}^{At}\,dt$;

(2)$P_0=\alpha x x^T$,$x\in N(A^T)$,$\alpha>0$.

证明　首先证明必要性. 由于 (A,R) 是弱 $k-$ 半可观的, 由引理 6.1.5 可知, 存在 $P \geqslant 0$ 使得 (6.5) 成立. 于是, 由引理 6.2.4 可知 $N(A) \bigcap R(A) = \{0\}$, 因此 $A^{\sharp}$ 存在. 令 $L \triangleq I - AA^{\sharp}$, 则 $L^2 = L$, $Lx = x$, $\forall x \in N(A)$. 由定理 6.2.2 知, $N(L) = R(A)$, $R(L) = N(A)$, 记 $\hat{P} \triangleq (A^k)^T P A^k + L^T L$, 其中 P 满足 (6.5). 下证 $\hat{P}$ 是正定的.

令 $V(x) = x^T \hat{P} x$, 若 $V(x) = 0$, 则 $PA^k x = 0$, $Lx = 0$, 所以 $x \in N(L) = R(A)$. 根据引理 6.2.4, 知 $x \in N(PA^k) \subseteq N(A)$, 而 $N(A) \bigcap R(A) = \{0\}$, 所以 $x = 0$, 因此 P 是正定的.

又由于 $LA = (I - AA^{\sharp})A = 0$, 所以

$$A^T \hat{P} + \hat{P} A + (A^k)^T R A^k$$
$$= A^T (A^k)^T P A^k + A^T L^T L + (A^k)^T P A^k A + L^T L A + (A^k)^T R A^k$$
$$= A^T (A^k)^T P A^k + (A^k)^T P A^k A + (A^k)^T R A^k$$
$$= (A^k)^T (A^T P + PA + R) A^k.$$

于是, 由引理 6.1.5 知, (6.14) 成立.

其次证明充分性. 如果存在 $\hat{P} > 0$, 使 (6.14) 成立. 设 $U(x) = x^T \hat{P} x > 0$, 则 $\dot{U}(x) = -x^T (A^k)^T R A^k x \leqslant 0$, 所以 $\dot{U}^{-1}(0) = N(RA^k)$. 为了得到 $N(RA^k)$ 的最大不变子集 M, 考虑系统 (6.3) 的解 $x(t)$ 使得 $RA^k x(t) = 0$, $\forall t \geqslant 0$, 则

$$RA^k \frac{d^{i-1}}{dt^{i-1}} x(t) = 0, \forall t \geqslant 0, i = 1, 2, \cdots, n,$$

所以 $RA^{k+i-1} x(t) = 0$, $\forall t \geqslant 0$, $i = 1, 2, \cdots, n$. 又由于 (A,R) 是弱 $k-$ 半可观的, 所以 $x(t) \in N(A)$, $t \geqslant 0$. 因此 $M \subseteq N(A)$. 而 $N(A)$ 是由系统 (6.3) 所有的平衡状态组成的, 所以 $M = N(A)$. $\forall x_e \in M = N(A)$, 考虑李雅普诺夫函数

$$V(x) = U(x - x_e) = (x - x_e)^T \hat{P} (x - x_e),$$

则 $V(x)$ 关于点 x_e 是正定的. 又由于 $Ax_e = 0$, 所以 $\dot{V}x = \dot{U}(x - x_e)$ 关于点 x_e 是负定的. 因此, x_e 是李雅普诺夫稳定的. 根据引理 6.1.1, 系统 (6.3) 是半稳定的.

下证 $\hat{P}$ 是不唯一的. 设 $\hat{P} > 0$ 满足 (6.14) 式且 $M \geqslant 0$, 令 $P_1 \triangleq \hat{P} + L^T M L$, 显然 $P_1 \geqslant \hat{P} > 0$, 则

$$A^T P_1 + P_1 A + (A^k)^T R A^k = A^T (\hat{P} + L^T M L) + (\hat{P} + L^T M L) A + (A^k)^T R A^k$$

$$=A^T\hat{P}+A^TL^TML+\hat{P}A+L^TMLA+(A^k)^TRA^k$$

$$=A^T\hat{P}+\hat{P}A+(A^k)^TRA^k=0.$$

即 P_1 也满足(6.14),因此 $\hat{P}$ 不唯一.

进一步,由于 A 是半稳定的,且 (A,R) 是弱 $k-$半可观的,根据定理第一部分的结果可知,存在一个正定矩阵 $\hat{P}$ 使(6.14)成立. 也就是说,

$$(A\oplus A)^T vec\hat{P}+vec((A^k)^TRA^k)=0,$$

即 $(A\oplus A)^T vec\hat{P}=-vec((A^k)^TRA^k)$,因此

$$vec((A^k)^TRA^k)\in R((A\oplus A)^T).$$

再由引理 6.2.6 可知,$A\oplus A$ 是半稳定的,因此 $(A\oplus A)^T$ 是半稳定的,即 $((A\oplus A)^T)^\sharp$ 存在. 根据引理 6.2.7,知

$$\text{vec}^{-1}(((A\oplus A)^T)^\sharp \text{vec}((A^k)^TRA^k))$$

$$=-\int_0^\infty \text{vec}^{-1}(\text{e}^{(A\oplus A)^T t}\text{vec}((A^k)^TRA^k))dt$$

$$=-\int_0^\infty \text{e}^{A^T t}(A^k)^TRA^k\text{e}^{At}dt,$$

因此 $\hat{P}=\int_0^\infty \text{e}^{A^T t}(A^k)^TRA^k\text{e}^{At}dt+\text{vec}^{-1}(z)$,其中 $z\in N((A\oplus A)^T)$ 且 $\text{vec}^{-1}(z)=(\text{vec}^{-1}(z))^T$. 所以

$$(A\oplus A)^T z=0\Leftrightarrow(A\otimes I_n+I_n\otimes A)^T z=0$$

$$\Leftrightarrow(A\otimes I_n+I_n\otimes A)^T \text{vec}[\text{vec}^{-1}(z)]=0$$

$$\Leftrightarrow(A^T\otimes I_n)\text{vec}[\text{vec}^{-1}(z)]+(I_n\otimes A^T)\text{vec}[\text{vec}^{-1}(z)]=0$$

$$\Leftrightarrow\text{vec}[\text{vec}^{-1}(z)A+A^T\text{vec}^{-1}(z)]=0$$

$$\Leftrightarrow\text{vec}^{-1}(z)A+A^T\text{vec}^{-1}(z)=0.$$

令 $P_0=\text{vec}^{-1}(z)$,由于 $A\oplus A$ 是半稳定,因此方程 $(A\oplus A)^T z=0$ 的一般解为 $z=\alpha x\otimes x$,其中 $x\in N(A)$ 且 $\alpha\in\mathbb{R}$. 于是

$$P_0=\text{vec}^{-1}(z)=\text{vec}^{-1}(\alpha x\otimes x)=\alpha xx^T,\alpha\geqslant 0.$$

证毕.

虽然定理 6.2.2 给出了系统半稳定性的充要条件,但是当系统矩阵的阶数比较高时,根据定义 6.2.2 判定系统是弱 $k-$半可观的计算量是非常大的.下面的定理给

出了系统是半稳定的一个充分条件,主要利用李雅普诺夫方程和一个秩条件,增加了定理在实际计算中的可行性.

　　注:设 $A \in \mathbb{C}^{n \times n}$ 且 $A^{\sharp}$ 存在,则 $R(A)=N(I-AA^{\sharp})$,$N(A)=R(I-AA^{\sharp})$.

　　定理 6.2.3　设 $A \in \mathbb{R}^{n \times n}$,如果存在一个对称正定的矩阵 $P \in \mathbb{R}^{n \times n}$,使得

$$A^T P+PA+R=0 \tag{6.16}$$

成立,其中 $R=C^T C$,$C \in \mathbb{R}^{q \times n}$.且 $\forall \omega \in \mathbb{R}$,$\omega \neq 0$,

$$\text{rank}\begin{bmatrix} i\omega I-A \\ C \end{bmatrix}=n \tag{6.17}$$

成立,那么系统(6.3)是半稳定的.

　　证明　由于系统(6.3)是半稳定的等价于矩阵 A 是半稳定的,因此只需证明矩阵 A 是半稳定的即可.设 $\lambda \in \sigma(A)$,x 为其对应的特征向量,即 $Ax=\lambda x$,根据方程(6.16),有

$$(\bar{\lambda}+\lambda)x^H Px=x^H(A^T P+PA)x=-x^H Rx \leqslant 0,$$

因此,$\sigma(A)\subseteq\{s \in \mathbb{C}:\text{Re}s \leqslant 0\}$.

　　下证 A 是李雅普诺夫稳定的.设 $i\omega \in \sigma(A)$,$\omega \in \mathbb{R}$.令 $x \in N[(i\omega I-A)^2]$,定义 $y \triangleq (i\omega I-A)x$,则 $(i\omega I-A)y=0$,即 $Ay=i\omega y$,所以

$$-y^H Ry=y^H(A^T P+PA)y=-i\omega y^H Py+i\omega y^H Py=0,$$

因此 $Ry=0$,于是

$$0=x^H Ry=-x^H(A^T P+PA)y=-x^H(A^T+i\omega I)Py=y^H Py.$$

　　又因为 P 是正定的,所以 $y=0$,即 $(i\omega I-A)x=0$,于是 $x \in N[i\omega I-A]$.因此,$N[(i\omega I-A)^2]\subseteq N[i\omega I-A]$.又由于 $N[i\omega I-A]\subseteq N[(i\omega I-A)^2]$,所以 $N[(i\omega I-A)^2]=N[i\omega I-A]$.

　　根据引理 6.1.2 可知,$i\omega$ 是半单的,所以 A 是李雅普诺夫稳定的.

　　为了证明 A 是半稳定的,设 $i\omega \in \sigma(A)$,$\omega \in \mathbb{R}$ 且 $\omega \neq 0$,x 为其对应的特征向量,即 $(i\omega I-A)x=0$,则 $x \neq 0$,且

$$-x^H Rx=x^H(A^T P+PA)x=-x^H[(i\omega I-A)^H P+P(i\omega I-A)]x=0.$$

已知 $R=C^T C$,所以 $Cx=0$.因此

$$\begin{bmatrix} i\omega I - A \\ C \end{bmatrix} x = 0.$$

由式(6.17)知 $x = 0$，与 $x \neq 0$ 矛盾. 所以对 $\forall \omega \in \mathbb{R}$ 且 $\omega \neq 0, i\omega \notin \sigma(A)$. 因此 A 是半稳定的，即系统(6.3)是半稳定的.

例 6.2.1 验证连续线性系统

$$\dot{x}(t) = \begin{bmatrix} -1 & 1 \\ 1 & -1 \end{bmatrix} x(t), x(0) = x_0, t \geq 0,$$

$$y(t) = \begin{bmatrix} 1 & -1 \end{bmatrix} x(t),$$

是否是半稳定的?

证明 令 $P = \begin{bmatrix} 1/2 & 0 \\ 0 & 1/2 \end{bmatrix}$，则 $P > 0$ 且

$$A^T P + PA + R = \begin{bmatrix} -1 & 1 \\ 1 & -1 \end{bmatrix} \begin{bmatrix} 1/2 & 0 \\ 0 & 1/2 \end{bmatrix} + \begin{bmatrix} -1 & 1 \\ 1 & -1 \end{bmatrix} \begin{bmatrix} 1/2 & 0 \\ 0 & 1/2 \end{bmatrix} +$$

$$\begin{bmatrix} 1 \\ -1 \end{bmatrix} \begin{bmatrix} 1 & -1 \end{bmatrix} = 0.$$

即 P 满足(6.11).

又因为 $\forall \omega \in \mathbb{R}, \omega \neq 0$,

$$\text{rank} \begin{bmatrix} i\omega I - A \\ C \end{bmatrix} = \text{rank} \begin{bmatrix} i\omega + 1 & -1 \\ -1 & i\omega + 1 \\ 1 & -1 \end{bmatrix} = 2,$$

根据定理 6.2.3,可知上述系统是半稳定的.

又由于 $N(A) = \{(x_1, x_2) \in \mathbb{R}^2 : x_1 = x_2 = \alpha, \alpha \in \mathbb{R}\}$，且 $N(C) \bigcap N(A) = N(A)$，所以 (A, C) 是半可观的,根据定理 6.2.2,知上述系统是半稳定的.

第 7 章

动态规划方法

§7.1　动态规划方法概述

动态规划方法是解决经济控制问题的主要方法之一,由美国数学家贝尔曼(R. Bellman)于 20 世纪 50 年代提出. 该方法适用范围非常广泛,既适用于离散经济控制问题又适用于连续经济控制问题,无论单变量或多变量控制系统、线性或非线性控制系统、离散或连续控制系统、确定性或随机性系统的最优化问题,从理论上说,均可用动态规划方法求解.

定理 7.1.1　(离散控制系统的动态规划基本方程)给定离散控制系统

$$\begin{cases} x(t+1)=f[x(t),u(t),t],t=0,1,\cdots,N-1 \\ x(0)=x^0,x^0 \text{ 给定} \end{cases},$$

使得目标函数

$$J_N=S[x(N),N]+\sum_{t=0}^{N-1}L[x(t),u(t),t]$$
$$=J_N[x(0);u(0),u(1),\cdots,u(N-1)]$$

取最小值的最优控制序列 $u^*(0),u^*(1),\cdots,u^*(N-1)$满足如下的动态规划基本方程：

$$
\begin{cases}
J_N^*[x(0)] = \min_{u(0)} \{L[x(0),u(0),0] + J_{N-1}^*[x(1)]\} \\
\qquad\qquad \cdots \\
J_{N-i}^*[x(i)] = \min_{u(i)} \{L[x(i),u(i),i] + J_{N-(i+1)}^*[x(i+1)]\} \\
\qquad\qquad \cdots \\
J_1^*[x(N-1)] = \min_{u(N-1)} \{L[x(N-1),u(N-1),N-1] + J_0^*[x(N)]\} \\
J_0^*[x(N)] = S[x(N),N]
\end{cases}
, \quad (7.1)
$$

其中，

$$
x(i+1) = f[x(i),u(i),i], \quad i = 0,1,\cdots,N-1. \quad (7.2)
$$

证明 设控制系统的状态方程和初始条件为

$$
\begin{cases}
x(t+1) = f[x(t),u(t),t], \quad t = 0,1,\cdots,N-1 \\
x(0) = x^0, x^0 \text{ 给定}
\end{cases}
, \quad (7.3)
$$

其中，$x(t) \in R^n, u(t) \in R^m$. 控制约束为

$$
x(t) \in \Omega_t \subseteq R^m, \quad t = 0,1,\cdots,N-1, \quad (7.4)
$$

其中，$\Omega_t (t=0,1,\cdots,N-1)$为容许控制集.

设目标函数为：

$$
J_N = S[x(N),N] + \sum_{t=0}^{N-1} L[x(t),u(t),t]. \quad (7.5)
$$

最优控制问题是，求最优控制序列 $u^*(0),u^*(1),\cdots,u^*(N-1)$，使得目标函数 J_N 取最小值（或最大值）. 上述最优控制问题为 N 步最优控制问题，N 表示对系统进行控制的阶段数或步数.

由状态方程(7.3)，有

$$
x(1) = f[x(0),u(0),0] \triangleq f^1[x(0),u(0)],
$$

$$
x(2) = f[x(1),u(1),1] = f\{f^1[x(0),u(0),0],u(1),1\}
$$

$$
\triangleq f^2[x(0),u(0),u(1)],
$$

一般有

$$
x(t) = f[x(t-1),u(t-1),t] = \cdots
$$

$$
\triangleq f^t[x(0),u(0),0],u(1),\cdots,u(t-1)], \quad t = 1,2,\cdots N.
$$

此式表明,$x(t)$可表示为$x(0),u(0),\cdots,u(t-1)$的函数. 将上式代入目标函数J_N,得

$$J_N = S\{f^N[x(0),u(0),\cdots,u(N-1),N]\} + L[x(0),u(0),0]$$
$$+ \sum_{t=1}^{N-1} L\{f^t[x(0),u(0),\cdots,u(t-1),u(t),t]\}$$
$$\triangle J_N[x(0),u(0),u(1),\cdots,u(N-1)]. \tag{7.6}$$

(7.6)表明,目标函数J_N仅是初始状态$x(0)$和控制序列$u(0),u(1),\cdots,u(N-1)$的函数. 因此,N步最优控制问题就是从允许控制集中,选取$u(0),u(1),\cdots,u(N-1)$,使$J_N[x(0),u(0),u(1),\cdots,u(N-1)]$取最小值(或最大值).

如果已用某种方法求出最优控制序列为

$$u^*(0),u^*(1),\cdots,u^*(N-1),$$

那么,目标函数的最小值为

$$J_N[x(0),u^*(0),u^*(1),\cdots,u^*(N-1)].$$

此最小值只依赖于初始状态$x(0)$和控制步数N,记为$J_N^*[x(0)]$,即有

$$J_N^*[x(0)] = \min_{u(0),\cdots u(N-1)} J^N[x(0),u(0),u(1),\cdots u(N-1)]. \tag{7.7}$$

注意,初始状态$x(0)$和控制步数N是可以变化的,故下面用$J_{N-i}^*[x]$表示初始状态为x、控制$N-i$步时目标函数的最小值(或最大值).

将目标函数(7.5)代入(7.7),得

$$J_N^*[x(0)] = \min_{u(0),\cdots u(N-1)} \{L[x(0),u(0),0] + J_{N-1}[x(1),u(1),\cdots u(N-1)]\},$$

上式第一项$L[x(0),u(0),0]$不依赖于$x(1),u(1),\cdots u(N-1)$,而第二项

$$J_{N-1}[x(1),u(1),\cdots u(N-1)]\} = \sum_{t=1}^{N-1} L[x(t),u(t),t] + S[x(N),N], \tag{7.8}$$

因此得

$$J_N^*[x(0)] = \min_{u(0)} \{L[x(0),u(0),0] + \min_{u(1),\cdots u(N-1)} J_{N-1}[x(1),u(1),\cdots u(N-1)]\}$$
$$= \min_{u(0)} \{L[x(0),u(0),0] + J_{N-1}^*[x(1)]\},$$

其中,$x(1) = f[x(0),u(0),0]$.

而$J_{N-1}^*[x(1)]$表示初始状态为$x(1)$、控制$N-1$步时目标函数(7.8)的最小值.

类似地,可得一般的递推关系式:

$$\begin{cases} J_{N-i}^*[x(i)] = \min_{u(i)}\{L[x(i),u(i),i] + J_{N-(i+1)}^*[x(i+1)]\} \\ x(i+1) = f[x(i),u(i),i], i = 0,1,\cdots,N-1 \end{cases}, \qquad (7.9)$$

其中, $J_{N-i}^*[x(i)]$ 表示初始状态为

$$x(i) = f[x(i-1),u(i-1),i-1],$$

控制 $N-i$ 步时, 目标函数

$$J_{N-i}[x(i),u(i),\cdots u(N-1)] = \sum_{t=i}^{N-1} L[x(t),u(t),t] + S[x(N),N]$$

的最小值. 而 $J_{N-(i+1)}^*[x(i+1)]$ 表示初始状态为

$$x(i+1) = f[x(i),u(i),i]$$

控制 $N-(i+1)$ 步时目标函数

$$J_{N-(i+1)}[x(i+1),u(i+1),\cdots u(N-1)]\} = \sum_{t=i+1}^{N-1} L[x(t),u(t),t] + S[x(N),N]$$

的最小值.

特别地, 当 $i = N-1$ 时, 有

$$J_1^*[x(N-1)] = \min_{u(N-1)}\{L[x(N-1),u(N-1),N-1] + J_0^*[x(N)]\},$$

其中规定:

$$J_0^*[x(N)] \triangleq S[x(N),N] = S\{f[x(N-1),u(N-1),N-1],N\}.$$

综上, 定理得证.

可知, 利用动态规划基本方程(7.1)求最优控制序列的过程是: 先按 t 由大到小 $(t = N-1, N-2, \cdots, 1, 0)$ 的顺序, 求 $\tilde{u}[x(t)]$, 各步求出的 $\tilde{u}[x(t)]$ 是该步"初始状态 $x(t)$"的函数, 并与上一步的"目标函数最优值"有关. 直至最后一步, 求出 $\tilde{u}[x(0)]$, 因 $x(0)$ 已经给定, 故有 $u^*(0) = \tilde{u}[x(0)]$ 为真正的第一步最优控制.

以上介绍了离散型动态系统最优控制问题, 下面介绍连续型动态系统最优控制问题.

建立连续时间系统最优控制问题的数学模型时, 一般包含如下几个内容:

①有一个被控制的对象, 描述被控制对象变化规律的是一个或一组常微分方程:

$$\dot{x}_i(t) = f_i[x_1(t),\cdots,x_n(t); u_1(t),\cdots,u_n(t); t], i = 1,\cdots,n, \qquad (7.10)$$

其中, $x_1(t),\cdots,x_n(t)$ 称为状态变量, $u_1(t),\cdots,u_n(t)$ 称为控制变量, $f_i[x_1,\cdots,x_n; u_1,\cdots,u_n; t], i = 1,\cdots,n$ 是其变元的已知函数, (7.10)称为状态方程.

(7.10)可改写为如下向量形式：

$$\dot{x}(t) = f[x(t), u(t), t] \tag{7.10'}$$

其中，$x(t) = (x_1(t), \cdots, x_n(t))^T \in \mathbb{R}^n$，$u(t) = (u_1(t), \cdots, u_m(t))^T \in \mathbb{R}^m$，

$$f[x(t), u(t), t] = [f_1(x_1(t), \cdots), \cdots, f_n(x_1(t), \cdots)]^T \in \mathbb{R}^n.$$

②初始时刻 t_0 和初始状态 $x(t_0) = x_0$ 一般是给定的；末时刻 t_f 和末状态 $x(t_f) = x_f$ 可以是已知的，也可以是未知的.

③有一个描述被控制系统所追求的目标的量，称为目标函数或性能指标，目标函数的一般形式为

$$J[u] = \theta[x(t_f), t_f] + \int_{t_0}^{t_f} L[x(t), u(t), t] dt, \tag{7.11}$$

其中，$\theta(\cdot, \cdot)$，$L(\cdot, \cdot, \cdot)$ 为其变元的已知函数.

④一般地，控制向量 $u(t)$ 不能随意取值，而会受到一定限制或约束. 如果 $u(t)$ 是 m 维的，则 $u(t)$ 通常只能在 m 维欧式空间 $\mathbb{R}^m$ 的某个子集 U 内取值，即有

$$u(t) \in U \subseteq \mathbb{R}^m, \forall t \in [t_0, t_f],$$

其中，U 可以是 $\mathbb{R}^m$ 中的开集，也可以是有界闭集；若 $U = \mathbb{R}^m$，则表示 $u(t)$ 未受约束，相应的控制问题称为无约束最优控制问题.

下面介绍求解连续时间系统最优控制问题的庞特里亚金最大值原理.

定理 7.1.2 （最大值原理）

考虑如下最大化问题：

$$\begin{cases} \max_u J[u] = \theta[x(t_f), t_f] + \int_{t_0}^{t_f} L[x(t), u(t), t] dt \\ s.t. \begin{cases} \dot{x}(t) = f[x(t), u(t), t] \\ x(t_0) = x_0, t_0, x_0 \text{ 已知} \\ u(t) \in U \subseteq \mathbb{R}^m \end{cases} \end{cases}, \tag{7.12}$$

其中

$$x(t) = (x_1(t), \cdots, x_n(t))^T, n \text{ 维状态向量；}$$

$$u(t) = (u_1(t), \cdots, u_m(t))^T, m \text{ 维控制向量；}$$

而 $U \subseteq \mathbb{R}^m$，U 称为容许控制集；

$$f[x(t),u(t),t] = ({}_1^f(x(t),u(t),t),\cdots,f_n(x(t),u(t),t))^T.$$

假设 $\theta[\cdot,\cdot]$, $L[\cdot,\cdot,\cdot]$, $f[\cdot,\cdot,\cdot]$ 为其自变量的连续可维函数. 若 $u^*(t)$ 和 $x^*(t)$ 为最大化问题(7.12)的最优控制和最优状态,则存在协状态向量 $\lambda^*(t) \in \mathbb{R}^n$,使得 $u^*(t)$、$x^*(t)$ 与 $\lambda^*(t)$ 一起满足下列必要条件:

(1)正则方程组:

$$\begin{cases} \dot{x}(t) = \dfrac{\partial H}{\partial \lambda} = f[x(t),u(t),t]\text{(状态方程)} \\[2mm] \dot{\lambda}(t) = -\dfrac{\partial H}{\partial x}\text{(协状态方程)} \end{cases} \qquad (7.13)$$

其中,

$$\begin{aligned} H &= H[x(t),\lambda(t),u(t),t] \\ &= L[x(t),u(t),t] + \lambda^T(t)f[x(t),u(t),t] \\ &= L[x(t),u(t),t] + \sum_{i=1}^{n}\lambda_i(t)f_i[x(t),u(t),t] \end{aligned} \qquad (7.14)$$

称 H 为哈密顿(Hamilton)函数.

(2)极值条件:

在最优轨线上,哈密顿函数 H 作为 u 的函数,在 $u = u^*(t)$ 处取最大值,即有

$$H[x^*(t),\lambda^*(t),u^*(t),t] = \max_{u \in U} H[x^*(t),\lambda^*(t),u,t]. \qquad (7.15)$$

(3)边界条件为下列情形之一:

(a)若 t_f, $x(t_f) = x_f$ 给定,则边界条件为

$$x(t_0) = x_0, x(t_f) = x_f; \qquad (7.16a)$$

(b)若 t_f 给定、$x(t_f)$ 自由,则边界条件为

$$x(t_0) = x_0, \lambda(t_f) = \frac{\partial}{\partial x(t_f)}\theta[x(t_f),t_f]; \qquad (7.16b)$$

(c)如果 t_f 自由、$x(t_f)$ 给定,则边界条件为

$$\begin{cases} x(t_0) = x_0, x(t_f) = x_f \\[2mm] H[x(t_f),\lambda(t_f),u(t_f),t_f] = -\dfrac{\partial}{\partial t_f}\theta[x(t_f),t_f] \end{cases}; \qquad (7.16c)$$

(d)若 t_f、$x(t_f)$ 均自由,则边界条件为

$$\begin{cases} x(t_0)=x_0 \\ \lambda(t_f)=\dfrac{\partial}{\partial x(t_f)}\theta[x(t_f),t_f] \\ H[x(t_f),\lambda(t_f),u(t_f),t_f]=-\dfrac{\partial}{\partial t_f}\theta[x(t_f),t_f] \end{cases} ; \qquad (7.16d)$$

(e)若 t_f 给定,$x(t_f)$ 落在 r 维流形 S 上:

$$S:g_i[x(t_f),t_f]=0,i=1,\cdots,r\leqslant n,$$

或

$$g[x(t_f),t_f]=0,$$

则边界条件为

$$\begin{cases} x(t_0)=x_0 \\ \lambda(t_f)=\dfrac{\partial}{\partial x(t_f)}\theta[x(t_f),t_f]+\dfrac{\partial g^T[x(t_f),t_f]}{\partial x(t_f)}\cdot\mu; \\ g[x(t_f),t_f]=0,\mu=(_1^\mu,\cdots,\mu_s)T \end{cases} \qquad (7.16e)$$

(f)若 t_f 未知,$x(t_f)$ 落在 r 维流形 S 上,则边界条件为:

$$\begin{cases} x(t_0)=x_0 \\ \lambda(t_f)=\dfrac{\partial}{\partial x(t_f)}\theta[x(t_f),t_f]+\dfrac{\partial g^T[x(t_f),t_f]}{\partial x(t_f)}\cdot\mu \\ g[x(t_f),t_f]=0,\mu=(_1^\mu,\cdots,\mu_s)T \\ H[x(t_f),\lambda(t_f),u(t_f),t_f]=-\dfrac{\partial}{\partial t_f}\theta[x(t_f),t_f]-\dfrac{\partial g^T[x(t_f),t_f]}{\partial t_f}\mu \end{cases} \qquad (7.16f)$$

其中,$\mu=(\mu_1,\cdots,\mu_r)^T$ 为拉格朗日乘子向量.

利用最大值原理求解最优控制问题的基本步骤是:

第一步　构造哈密顿函数

$$H[x,\lambda,u,t]=L[x,u,t]+\lambda^T f[x,u,t].$$

第二步　由极值条件

$$H[x(t),\lambda(t),u(t),t]=\max_{u\in U}H[x(t),\lambda(t),u,t],$$

解出 $u=u[x(t),\lambda(t),t]$.

特别地,若控制无约束,即有 $U=\mathbb{R}^m$,则上式可用下式代替:

$$\frac{\partial}{\partial u}H[x(t),\lambda(t),u,t]=0.$$

第三步　将 $u=u[x(t),\lambda(t),t]$ 代入正则方程组

$$\begin{cases} \dot{x}(t)=f(x,u,t) \\ \dot{\lambda}(t)=-\dfrac{\partial H}{\partial x} \end{cases}.$$

根据题设列出相应的初始条件和终点条件,并求解正则方程组,得到 $x=x^*(t)$,$\lambda=\lambda^*(t)$,从而得到最优控制为

$$u=u[x^*(t),\lambda^*(t),t]=u^*(t).$$

§7.2　动态规划方法在离散经济控制系统中的应用

下面给出离散经济控制系统的求解案例,介绍动态规划方法在离散经济控制系统中的应用.

例 7.2.1　(生产库存系统的最优控制)假设某企业生产一种产品. 第 t 季度的产量和销售量(或订货量)分别为 $u(t)$ 件和 $s(t)$ 件,t 季度季初库存量为 $x(t)$ 件,那么,$t+1$ 季度季初的库存量等于 t 季度季初库存量加上 t 季度产量减去销售量(假设库存过程中无损耗). 于是,该生产库存系统的状态方程为

$$x(t+1)=x(t)+u(t)-s(t).$$

已知该产品的生产费用与产量的平方成正比,比例系数为 0.005;产品的库存费用为每件每个季度 1 元,则一年四个季度的总费用为

$$J_4=\sum_{t=0}^{3}\left[0.005u^2(t)+x(t)\right],$$

这里假定 $t=0$ 为第一个季度,$t=1$ 为第二季度,….

已知该企业年初无存货,年末也无积压,则

$$x(0)=0,x(4)=0.$$

再设四个季度的订货量为

$$s(0)=600(件),s(1)=700(件),$$

$$s(2)=500(件),s(3)=1\,200(件).$$

该生产库存系统的管理问题是,求四个季度的产量 $u(0),u(1),u(2),u(3)$,使总费用 J_4 最小.

解　因 $N=4$，这是一个四步最优控制问题，可用动态规划基本方程求解.

第一步　先考虑第四季度，依题设有：

$$J_0=0, J_1=0.005u^2(3)+x(3),$$

由状态方程、终点条件 $x(4)=0$ 和订货条件 $s(3)=1\ 200$，有

$$x(4)=x(3)+u(3)-1\ 200=0,$$

满足此式的 $u(3)$ 只有一个解，也就是最优解，即

$$u^*(3)=1\ 200-x(3)$$

将其代入 J_1，得

$$J_1^*[x(3)]=0.005\times[1\ 200-x(3)]^2+x(3)$$
$$=0.005x^2(3)-11x(3)+7\ 200.$$

第二步　考虑三、四两个季度.由基本方程有

$$J_2^*[x(2)]=\min_{u(2)}\{0.005u^2(2)+x(2)+J_1^*[x(3)]\}$$
$$=\min_{u(2)}\{0.005u^2(2)+x(2)+0.005x^2(3)-11x(3)+7\ 200\}$$
$$=\min_{u(2)}\{0.005u^2(2)+x(2)+0.005[x(2)+u(2)-500]^2$$
$$-11[x(2)+u(2)-500]+7\ 200\},$$

其中利用了状态方程 $x(3)=x(2)+u(2)-s(2)$ 和订货条件 $s(2)=500$.由一阶必要条件，有

$$\frac{\partial(\cdot)}{\partial u(2)}=0.02u(2)+0.01x(2)-16=0,$$

由此得

$$J_2^*[x(2)]=0.002\ 5x^2(2)-7x(2)+7\ 550.$$

第三步　考虑二、三、四季度.由基本方程，有

$$J_3^*[x(1)]=\min_{u(1)}\{0.005u^2(1)+x(1)+J_2^*[x(2)]\}$$
$$=\min_{u(1)}\{0.005u^2(1)+x(1)+0.002\ 5[x(1)+u(1)-700]^2$$
$$-7[x(1)+u(1)-700]+7\ 550\},$$

其中利用了状态方程 $x(2)=x(1)+u(1)-s(1)$ 和订货条件 $s(1)=700$.与第二步类似，求得

$$u^*(1) = \tilde{u}[x(1)] = 700 - \frac{1}{3}x(1)$$

$$J_3^*[x(0)] = \frac{1}{3}0.005x^2(1) - 6x(1) + 10\ 000.$$

第四步　四个季度一起考虑. 由基本方程有

$$J_4^*[x(0)] = \min_{u(0)}\{0.005u^2(0) + x(0) + J_3^*[x(1)]\}$$

$$= \min_{u(0)}\{0.005u^2(0) + x(0) + \frac{1}{3} \times 0.005[x(0) + u(0) - 600]^2$$

$$- 6[x(0) + u(0) - 600] + 10\ 000\}$$

$$= \min_{u(0)}\{0.005u^2(0) + \frac{1}{3} \times 0.005[u(0) - 600]^2$$

$$- 6[u(0) - 600] + 10\ 000\}$$

其中利用了状态方程 $x(1) = x(0) + u(0) - s(0)$、初始状态 $x(0) = 0$ 和订货条件 $s(0) = 600$. 与第二步类似,解得

$$u^*(0) = 600,$$

$$J_4^*[x(0)] = 11\ 800.$$

最后,由状态方程和上面所得结果,求得

$$x^*(0) = x(0) = 0, \quad u^*(0) = 600,$$

$$x^*(1) = 0, \qquad u^*(1) = 700,$$

$$x^*(2) = 0, \qquad u^*(2) = 800,$$

$$x^*(3) = 300, \qquad u^*(3) = 900,$$

$$x^*(4) = x(4) = 0.$$

上述结果表明,第一季度生产 600 件,没有库存;第二季度生产 700 件,没有库存;第三季度生产 800 件,售出 500 件,库存 300 件;第四季度生产 900 件,年末无库存. 这时总费用最小,为 11 800 元.

如果各季度均按订货量生产而不留库存,即有

$$\begin{cases} u(0) = 600, u(1) = 700, u(2) = 500, u(3) = 1\ 200 \\ x(0) = x(1) = x(2) = x(3) = x(4) = 0 \end{cases},$$

则总费用为

$$J_4 = \sum_{t=0}^{3} 0.005u^2(t) = 12\ 700(元),$$

比最优决策的总费用多支出 900 元.

§7.3 动态规划方法在连续经济控制系统中的应用

在 7.1 节我们介绍了庞特里亚金极大值原理,没有从数学上去严格证明.本节给出经济学例子来说明庞特里亚金极大值原理的经济学意义,虽不是严格证明,却有助于对该原理的深刻理解与灵活应用.

下面举一个地区与部门最优投资及最优比例的快车道模型为例子,来说明庞特里亚金极大值原理的经济学意义.

用 K_1 表示交通部门的资本存量(它反映交通设施等固定资产总价值),资本存量的大小反映交通运输能力.用 K_2 表示其他部门厂房、设备等固定资本总量.一般地,厂房属于建筑业的产品,设备属工业部门产品,这里将它们统称为工业品.因此,K_2 为工业部门的资本存量.在其他条件都不变的情况下,一个地区国民生产总值 Y 是 K_1 与 K_2 的函数:

$$Y = F(K_1, K_2).$$

现在设总产出 Y 中有 σY 用于扩大再生产,而 $(1-\sigma)Y$ 用于消费.σ 为积累率.决策者进一步要决定将 σY 中一部分用于交通设施的投资,另一部分用于其他部门的厂房、设备方面的投资.设 $\alpha \times \sigma Y$ 用于 K_1 的增加,$(1-\alpha)\sigma Y$ 用于 K_2 的增加,现在要决定 $\alpha =$? 才能使累计总产出最大.

设用于增加交通运输能力的投资为 I_1,则:

$$I_1 = \alpha \sigma Y. \tag{7.17}$$

用于增加其他部门厂房与设备等的投资为 I_2,则:

$$I_2 = (1-\alpha)\sigma Y. \tag{7.18}$$

现不考虑固定资本折旧,那么交通部门单位时间内固定资本增量 dK_1/dt 即为 I_1,即:

$$\frac{dK_1(t)}{dt} = I_1(t) = \alpha(t) \times \sigma Y(t). \tag{7.19}$$

其他部门厂房、设备等固定资产 K_2 在单位时间里增加额即为其投资额 I_2，即：

$$\frac{dK_2(t)}{dt} = I_2(t) = (1-\alpha(t)) \times \sigma Y(t). \qquad (7.20)$$

开始时，各种固定资本存量为 $K_1(0),K_2(0)$. 我们希望在 T 时间后，让它们各自达到 $K_1(T),K_2(T)$，同时使得累积的总产出最大：

$$\max \int_0^T Y(t)dt = \int_0^T F(K_1,K_2)dt. \qquad (7.21)$$

综上所述，本问题数学模型为：

$$\begin{cases} \max J = \int_0^T F(K_1,K_2)dt \\ 0 \leqslant \alpha(t) \leqslant 1 \\ s.t. \quad \frac{dK_1(t)}{dt} = I_1(t) = \alpha(t) \times \sigma F(K_1,K_2) \\ \frac{dK_2(t)}{dt} = I_2(t) = (1-\alpha(t)) \times \sigma F(K_1,K_2) \end{cases} \qquad (7.22)$$

其中，$K_1(0),K_2(0),K_1(T),K_2(T)$ 为已知.

首先构造哈密尔顿函数 H 并解释其经济学含义：

$$\begin{aligned} H &= F(K_1,K_2) + \lambda_1 I_1 + \lambda_2 I_2 \\ &= F(K_1,K_2) + \lambda_1 \alpha(t) \sigma F(K_1,K_2) + \lambda_2 (1-\alpha(t)) \sigma F(K_1,K_2). \end{aligned} \qquad (7.23)$$

在上式中，令 H 与 Δt 相乘，得：

$$H\Delta t = F\Delta t + \lambda_1 \times I_1 \Delta t + \lambda_2 \times I_2 \Delta t, \qquad (7.24)$$

其中，$F\Delta t$ 是单位时间内目标值的直接增加额. 拉格朗日算子 λ_1 与 λ_2 分别理解为固定资本 K_1 与 K_2 的影子价格. 当我们采用决策量 $\alpha(t)$ 后，系统运动将随之变化，这时总产值直接增加额为 $Y \times \Delta t = F \times \Delta t$，同时各种固定资本也相应增加 $I_1 \times \Delta t$ 与 $I_2 \times \Delta t$. 由于固定资本的增加，其财富增加额为：$\lambda_1 \times I_1 \Delta t + \lambda_2 \times I_2 \Delta t$. 因此，总财富增加额为：$F\Delta t + \lambda_1 \times I_1 \Delta t + \lambda_2 \times I_2 \Delta t = H\Delta t$. 我们将 $F\Delta t$ 称为系统对目标值的直接贡献，$\lambda_1 I_1 \Delta t + \lambda_2 I_2 \Delta t$ 为系统对目标值的间接贡献.

因此，我们应当采用 $\alpha(t)$ 使 $H \times \Delta t$ 或 H 取最大值，这就是庞特里亚金极大值原理中的一个极值必要条件. 如果 $\alpha(t)$ 无约束，那么有：

$$\partial H/\partial \alpha = 0. \qquad (7.25)$$

现在再来解释庞特里亚金极大值原理的另一个必要条件：

$$\begin{cases} \lambda_1 = -\dfrac{\partial H}{\partial K_1} \\ \lambda_2 = -\dfrac{\partial H}{\partial K_2} \end{cases}. \tag{7.26}$$

将上式改写为

$$\begin{cases} \dfrac{\lambda_1(t+\Delta t)-\lambda_1(t)}{\Delta t} = -\dfrac{\Delta H}{\Delta K_1} \\ \dfrac{\lambda_2(t+\Delta t)-\lambda_2(t)}{\Delta t} = -\dfrac{\Delta H}{\Delta K_2} \end{cases},$$

上式中第1式的 ΔH 与第2式的 ΔH 是不一样的. 第1式中的 ΔH 是指当固定资本 K_1 增加 ΔK_1 后，在其他条件都不变的情况下，H 的增量为 ΔH. 上式又可再记为：

$$\begin{cases} \Delta K_1 \times \lambda_1(t)-\Delta K_1 \times \lambda_1(t+\Delta t)=\Delta H \times \Delta t \\ \Delta K_2 \times \lambda_2(t)-\Delta K_2 \times \lambda_2(t+\Delta t)=\Delta H \times \Delta t \end{cases}, \tag{7.27}$$

上式中左边称为持有 ΔK_1 或 ΔK_2 的边际成本. 比如说，一个人有 ΔK_1 台机器，在 t 时刻此 ΔK_1 台机器可卖 $\Delta K_1 \times \lambda_1(t)$ 元. 过了 Δt 时间，此 ΔK_1 台机器可卖 $\Delta K_1 \times \lambda_1(t+\Delta t)$. 因此，$\Delta K_1 \times \lambda_1(t)-\Delta K_1 \times \lambda_1(t+\Delta t)$ 为拥有 ΔK_1 所付出的代价或成本. 但是，如果将 ΔK_1 投入搞生产，那么由于 ΔK_1 的投入其对目标值的总贡献为 $\Delta H \times \Delta t$（其他都不变，仅由 ΔK_1 所引起）. 边际成本应等于边际收入. 因此应成立式(7.26)或(7.27).

因此，本例中庞特里亚金极大值必要条件为：

（1）应选取 $\alpha(t)$ 使得如下哈密尔顿函数 H 取极大. 哈密尔顿函数为：

$$H=F+\lambda_1\alpha(t)\times\sigma F+\lambda_2(1-\alpha(t))\times\sigma F. \tag{7.28}$$

（2）拉格朗日乘子 λ_1 与 λ_2 符合下式：

$$\begin{cases} \lambda_1 = -\dfrac{\partial H}{\partial K_1} \\ \lambda_2 = -\dfrac{\partial H}{\partial K_2} \end{cases}. \tag{7.29}$$

（3）系统运动受如下约束：

$$\begin{cases} \dot{K}_1 = \alpha(t) \times \sigma F \\ \dot{K}_2 = (1-\alpha(t)) \times \sigma F \end{cases}, \tag{7.30}$$

$K_1(0), K_2(0), K_1(T), K_2(T)$ 为给定值.

从第 1 个必要条件:

$$H = F + (\lambda_1 - \lambda_2)\alpha(t) \times \sigma F + \lambda_2 \times \sigma F,$$

控制策略 $\alpha(t)$ 应使得 H 取极大. 由于 $\sigma F > 0$, 因此最优策略为:

$$\begin{cases} \text{当 } \lambda_1 > \lambda_2 \text{ 时}, \alpha(t)=1 \\ \lambda_1 = \lambda_2 \text{ 时}, \alpha(t) \text{待定} \\ \lambda_1 < \lambda_2 \text{ 时}, \alpha(t)=0 \end{cases}. \tag{7.31}$$

当 $\lambda_1 = \lambda_2$ 时, 从第 2 个必要条件(7.29):

$$\frac{\partial H}{\partial K_1} = \frac{\partial H}{\partial K_2} \text{即} \frac{\partial F}{\partial K_1} = \frac{\partial F}{\partial K_2}, \tag{7.32}$$

如果生产函数有如下柯布-道格拉斯型:

$$F(K_1, K_2) = A K_1^a K_2^b, \tag{7.33}$$

那么将它代入(7.32), 得:

$$aA K_1^{a-1} K_2^b = bA K_1^a K_2^{b-1},$$

即:

$$\frac{a}{K_1} = \frac{b}{K_2}, \tag{7.34}$$

或者:

$$bK_1 = aK_2. \tag{7.35}$$

再从必要条件 3, 即系统运动方程(7.30), 得:

$$\begin{cases} b\dot{K}_1 = b\alpha(t)\sigma F \\ a\dot{K}_2 = a(1-\alpha(t))\sigma F \end{cases},$$

依上式及(7.35), 得:

$$b\alpha(t) = a(1-\alpha(t)),$$

求出

$$\alpha(t) = \frac{a}{a+b}. \tag{7.36}$$

由于最优投资策略 $\alpha(t)$ 只有三种可能的取值: $\alpha(t)=1$, $\alpha(t)=0$, $\alpha(t)=a/(a+b)$, 因此,依上述讨论可得如下的最优策略:

第 1 种情况:当交通部门资本存量 K_1 与其他部门的固定资本存量 K_2 满足:

$$\frac{a}{K_1}=\frac{b}{K_2}$$

时,那么用于增加交通设施的投资占总投资比例为 $\alpha(t)=a/(a+b)$,用于增加 K_2 的投资为 $1-\alpha(t)=b/(a+b)$.

第 2 种情况:当交通部门资本存量 K_1 太小,或交通负荷过重时,即:

$$K_1/a<K_2/b$$

时,可将全部投资用于交通建设,即 $\alpha(t)=1$,直至达到合适比例为止.

第 3 种情况:当交通部门资本存量 K_1 太大,即: $K_1/a>K_2/b$ 时,可暂不对交通部门投资,即 $\alpha(t)=0$,直至 K_1 与 K_2 成恰当比例.

我们把第 1 种情况称为按比例协调增长,第 2、3 种情况为经济调整.

第 8 章

离散、连续经济系统应用

Mirrlees 是最早研究不确定性条件下投资储蓄问题的学者之一,他考虑具有两种投入(劳动力和资本)和一种商品的新古典模型,在常数规模回报、人口指数增长和技术进步的假设下讨论了消费者的投资行为. 此时的不确定性主要来自技术进步的不确定,Mirrlees 假设了技术进步的过程是 Wiener 过程,得到了最优性条件,包括 Euler 方程和横截条件,它们刻画了不确定性条件下的消费路径和资本存量积累路径. 在常数弹性下的效用函数和 Cobb-Douglas 生产函数下,Mirrlees 证明了随着不确定性的增加,消费者的储蓄会增加.

这里我们把效用函数推广到一般的严格凹的效用函数,不仅仅限于常数弹性的效用函数;同时证明在常数弹性的效用函数下,极限最优决策实际上是无穷限的最优决策,得到的充分条件类似于 Mirrlees 得到的一般情形下的连续时间的模型. 模型在 t 时刻,消费者的资产为 k_t,可以用来消费或者投资,假设消费水平为 c_t,因此消费者的储蓄水平为 $k_t - c_t$. 假设 r_t 为投资的汇报,因此消费者下期的财富 k_{t+1} 满足

$$k_{t+1} = r_t(k_t - c_t). \tag{8.1}$$

假设消费者的效用定义在消费水平上,效用函数为 $u(c_t)$,贴现因子 β 为正常数,因此消费者行为就是在他的预算约束下,选择它的消费水平和资本存量的积累路径

来极大化他的期望效用,即

$$\max E \sum_{t=0}^{\infty} \beta^t u(c_t). \tag{8.2}$$

受约束于预算约束 8.1 和给定的初始财富水平 k_0,另外还有非负的约束条件

$$k_t \geqslant c_t \geqslant 0. \tag{8.3}$$

在表达式(8.2)中,E 表示条件期望,它表示在 $t=0,1,2,\cdots$ 的信息下的期望值. 因为表达式(8.2)不一定是有界的,因此就不一定收敛,为此我们必须引入另外的定义.

定义 8.1 一个可行的消费策略 $c_t = g(k_t, t)$ 超过另一个可行的消费策略 $\hat{c}_t = \hat{g}(k_t, t)$,如果存在 T_0,使得对任意的 $t > T_0$ 有下面的事实成立:

$$E \sum_{t=0}^{\infty} \beta^t \{ u(c_t) - u(\hat{c}_t) \} > 0.$$

定义 8.2 一个消费策略 $c_t = g(k_t, t)$ 称作最优的,如果它超过其他所有的可行的消费策略.

下面来求解优化问题(8.1)、(8.2)和(8.3),显然,任意时刻的消费路径仅仅依赖于该期消费者的财富. 第一,给定独立同分布的随机变量 r_t 的分布函数 F,它仅仅依赖于在 t 时刻以前的信息,而不依赖于 t 时刻以后的信息;第二,给定贴现因子,最优消费水平与时间无关. 因此,我们把讨论最优解限制在消费策略上. 消费策略就是消费者的财富函数,$g = f(k)$. 因此给定财富水平为 k,这个函数可以决定消费水平.

定义值函数 $V(k_0)$ 为在初始财富水平为 k_0 下的优化问题(8.1)、(8.2)和(8.3)的最优值. 如果消费策略函数为 $c = g(k)$,因此 $V(k_0)$ 可以表示为:

$$V(k_0) = E \sum_{t=0}^{\infty} \beta^t u(c_t), \tag{8.4}$$

其中

$$c_t = g(k_t), t = 0, 1, 2, \cdots, \tag{8.5}$$

$$k_{t+1} = r(k_t - g(k_t)). \tag{8.6}$$

显然,$V(k_0)$ 满足下面的 Bellman 方程

$$V(k_0) = u(c_0) + \beta E V[(k_0 - c_0) r_0]. \tag{8.7}$$

如果 $g(k)$ 是最优的消费策略,那么消费者选择的初始消费水平 $c_0 = g(k_0)$ 必须

在 $0 \leqslant c \leqslant k_0$ 极大化 $u(c_0) + \beta EV[(k_0 - c_0)r_0]$，即

$$V(k_0) = \max_{0 \leqslant c \leqslant k_0} \{u(c_0) + \beta EV[(k_0 - c_0)r_0]\}. \tag{8.8}$$

我们要求上面的极大值在开区间 $0 < c < k_0$ 取得. 如果效用函数满足条件 $u'(0) = \infty$，这样的解在内点达到，而且最优性条件为：

$$u'(c) - \beta EV\{r_0 V'[(k_0 - c_0)r_0]\} = 0,$$

即

$$u'(c) = \beta EV\{r_0 V'[(k_0 - c_0)r_0]\}. \tag{8.9}$$

如果 $c = g(k_0)$ 为最优解，那么它必须满足方程(8.9)和下面的方程：

$$V(k_0) = u(g(k_0)) + \beta EV[(k_0 - g(k_0))r_0]. \tag{8.10}$$

把(8.10)对初始资本存量求导数得到：

$$V'(k_0) = u'(g(k_0))g'(k_0) + \beta E\{[(1 - g'(k_0)) \times V'[(k_0 - g(k_0))r_0]]\}. \tag{8.11}$$

考虑最优性条件(8.9)，我们得到：

$$V'(k_0) = u'(g(k_0)), \tag{8.12}$$

或等价于

$$u'(g(k_0)) = \beta E\{r_0 u'(g((k_0 - g(k_0))r_0))\}. \tag{8.13}$$

(8.12)表示财富的边际值等于消费的边际效用，因为如果增加一个单位的初始财富，消费者可以把这个单位的初始财富全部用来消费，得到的效用正好是(8.12)右边给出的边际效用. 同时，它也可以把这个单位的财富用来储蓄，到下一期消费者的财富会发生变化，因为回报 r_0 是随机变量，因此这个财富是一个随机变量. 但是在最优时，储蓄得到期望回报的效用等于初始时刻消费的边际效用，因此这个条件也是宏观跨时无套利模型条件. (8.13)是(8.11)和(8.12)结合的结果，它表示初始消费的边际效用等于初始储蓄在回报率为 r_0 时的下一期回报用于消费的边际效用的提额现值. 这是因为：

(1) $(k_0 - g(k_0))r_0$ 是初始的储蓄在下一期的回报；

(2) $g((k_0 - g(k_0))r_0)$ 是下一期的消费水平，因为消费策略函数是 $g(k)$.

上面的过程可以对任意时刻成立，因此对任意时刻 t，都有

$$u'(g(k)) = \beta E\{ru'(g(k - g(k)))r\}. \tag{3.14}$$

(8.12)表明,如果最优策略存在,它一定是唯一的,利用效用函数的严格凹性很容易得到.

从上面的讨论,我们知道方程(8.14)是最优解满足的最优性条件,下面来讨论这个最优性条件的充分性问题.下面的定理回答了这个问题:

定理 8.1　如果可行的消费策略 $c=g(k)$ 满足下面的条件

(1) $u'(g(k))=\beta E\{ru'(g(k-g(k)))r\}$；

(2) $\lim\limits_{t\to\infty}E\{\beta' u'(g(k_t))\}=0$.

则 $c=g(k)$ 是最优的消费策略,即是问题(8.1)—(8.3)的解.

证明　令 $\{c_t\}$ 为从初始资本存量 k_0 出发,由 $c=g(k)$ 导出的消费路径,也就是 $c_t=g(k_t)$ 假设 $\{\hat{c}_t\}$ 为从初始资本存量 k_0 出发,由 $c=\hat{g}(k)$ 导出的消费路径,即 $\hat{c}_t=\hat{g}(k_t)$ 要证明路径 c_t 是最优的,也就是要证明存在 T_0,使得对任意的 $T>T_0$ 有下面的事实成立:

$$E\sum_{t=0}^{T-1}\beta'\{u(c_t)-u(\hat{c}_t)\}>0, \tag{8.15}$$

由效用函数的凹性,我们知道

$$E\sum_{t=0}^{T-1}\beta'\{u(c_t)-u(\hat{c}_t)\}\geqslant E\sum_{t=0}^{T-1}\beta'\{u'(c_t)(c_t-\hat{c}_t)\}. \tag{8.16}$$

由定义,我们知道 $k_t=r_{t-1}(k_{t-1}-c_{t-1})$ 和 $\hat{k}_t=r_{t-1}(\hat{k}_{t-1}-c_{t-1})$.注意到两个路径的回报率是相同的.这主要是因为对于不同的消费路径,资本回报路径是与消费路径无关的外生给定的过程,通过简单的演算,得到

$$\frac{1}{r_{t-1}}(k_t-\hat{k}_t)=(k_{t-1}-\hat{k}_{t-1})+(c_{t-1}-\hat{c}_{t-1}),$$

或者

$$(c_{t-1}-\hat{c}_{t-1})=(k_{t-1}-\hat{k}_{t-1})-\frac{1}{r_{t-1}}(k_t-\hat{k}_t), \tag{8.17}$$

因此

$$\sum_{t=0}^{T-1}\beta^t\{u'(c_t)(c_t-\hat{c}_t)\}=\sum_{t=0}^{T-1}\beta^t\{u'(c_t)\{(k_t-\hat{k}_t)-\frac{1}{r_t}(k_{t+1}-\hat{k}_{t+1})\}\}$$

$$=\sum_{t=0}^{T-1}\beta^{t-1}\left\{[\beta r_{t-1}u'(c_t)-u'(c_{t-1})]\frac{k_t-\hat{k}_t}{r_{t-1}}\right\}$$

$$- \beta^{T-1} \frac{u'(c_{T-1})}{r_{T-1}}(k_T - \hat{k}_T)$$

$$\geqslant \sum_{t=0}^{T-1} \beta^{t-1} \left\{ \left[\beta r_{t-1} u'(c_t) - u'(c_{t-1}) \right] \frac{k_t - \hat{k}_t}{r_{t-1}} \right\}$$

$$- \beta^{T-1} \frac{u'(c_{T-1})}{R_{T-1}} k_t, \tag{8.18}$$

最后的不等式是因为 $\hat{k} \geqslant 0, u' \geqslant 0, \beta > 0$ 和 $r_{t-1} > 0$.

因为 $\dfrac{1}{r_{T-1}} k_T = k_{T-1} - c_{T-1} = k_{T-1} - g(k_{T-1})$,所以 $\dfrac{1}{r_{T-1}} k_T$ 仅仅依赖于 k_{T-1},同时又因为 $u'(c_{T-1}) = E\{[\beta r_{T-1} u'(c_t)] \mid k_{T-1}\}$,其中条件期望依赖于 r_{T-1} 的分布. 因此,我们得到

$$E\{\beta^{T-1} u'(c_{T-1}) \frac{k_T}{r_{T-1}}\} = E\{\beta^{T-1} \frac{k_T}{r_{T-1}} E\{[\beta r_{T-1} u'(c_t)] \mid k_{T-1}\}\}, \tag{8.19}$$

其中第一个条件期望对应于 k_{T-1} 的分布,而 k_T/r_{T-1} 依赖于 k_{T-1} 的分布. 因此可以把 (8.19) 改写为

$$E\{\beta^{T-1} u'(c_{T-1}) \frac{k_T}{r_{T-1}}\} = E\{\beta^{T-1} \frac{k_T}{r_{T-1}} \beta r_{T-1} u'(c_T)\}$$

$$= E\{\beta^T u'(c_T) k_T\}. \tag{8.20}$$

由已知条件 2,知道 $\lim_{t \to \infty} E\{\beta^t u'(g(k_t)) k_t\} = 0$. 同理,$(k_t - \hat{k}_t)/r_{t-1}$ 仅仅依赖于 k_{t-1} 和 $\hat{k}_{t-1}$,因此有

$$E\{[\beta r_{t-1} u'(c_t) - u'(c_{t-1})] \frac{k_t - \hat{k}_t}{r_{t-1}}\} = E\{E\{[\beta r_{t-1} u'(c_t) - u'(c_{t-1})] \mid k_{t-1}\} \frac{k_t - \hat{k}_t}{r_{t-1}}\}.$$

但是,由最优性条件 $u'(c_{t-1}) = E\{\beta r_{t-1} u'(c_t) \mid k_{t-1}\}$,可以得到

$$E\{[\beta r_{t-1} u'(c_t) - u'(c_{t-1})] \mid k_{t-1}\} = 0.$$

因此

$$E\{[\beta r_{t-1} u'(c_t) - u'(c_{t-1})] \frac{k_t - \hat{k}_t}{r_{t-1}}\} = 0. \tag{8.21}$$

这样,我们已经证明对于充分大的 T,下面的式子成立:

$$E \sum_{t=0}^{T-1} \beta^t \{u(c_t) - u(\hat{c}_t)\} > 0.$$

即消费策略函数 g 是最优的.

如果 $\beta Er < 1$,而且效用函数有界,则 $E\sum_{t=0}^{T-1}\beta^t u(c_t)$ 是有界的.

定理 8.2 如果最优消费策略函数存在,值函数 $V(k)$ 定义如前,则 $V(k)$ 是非降的凹函数.

证明 因为 $V'(k)=u'(g(k))\geqslant 0$,所以 $V(k)$ 单调非降.

下面我们证明 $V(k)$ 的凹性,也就是对任意两个初始的资本存量水平 k_{10},k_{20} 和 $0<\lambda<1$,下式成立:

$$V(\lambda k_{10}+(1-\lambda)k_{20})\geqslant \lambda V(k_{10})+(1-\lambda)V(k_{20}).$$

考虑随机回报过程 $\{r_t\}$,记 $\{k_{it}\}$ 和 $\{c_{it}\}$ 分别为从初始值 $k_{i0}(i=1,2)$ 出发的、对应随机回报 $\{r_t\}$ 的资本存量和消费水平路径. 由可行性条件,可知 $k_{it}\geqslant c_{it}\geqslant 0$. 初始财富 $\lambda k_{10}+(1-\lambda)k_{20}$,对于同样的随机回报 $\{r_t\}$,消费水平 $\lambda c_{1t}+(1-\lambda)c_{2t}$ 为对应可行消费路径,相应的财富路径为 $\lambda k_{1t}+(1-\lambda)k_{2t}$. 因此 $V(\lambda k_{10}+(1-\lambda)k_{20})$ 为对应的最优消费策略函数 g 的值函数,它大于等于消费水平 $\lambda c_{1t}+(1-\lambda)c_{2t}$ 导出的福利函数,即

$$V(\lambda k_{10}+(1-\lambda)k_{20})\geqslant E\big[\sum_{t=0}^{\infty}\beta^t u(\lambda c_{1t}+(1-\lambda)c_{2t})\big]. \tag{8.22}$$

由效用函数的凹性,我们知道(8.22)的右边大于等于

$$E\big[\sum_{t=0}^{\infty}\beta^t\{\lambda\mu(c_{1t})+(1-\lambda)u(c_{2t})\}\big],$$

因此,我们得到下面的不等式

$$V(\lambda k_{10}+(1-\lambda)k_{20})\geqslant E\big[\sum_{t=0}^{\infty}\beta^t\{\lambda u(c_{1t})+(1-\lambda)u(c_{2t})\}\big],$$

即

$$V(\lambda k_{10}+(1-\lambda)k_{20})\geqslant \lambda Vk_{10}+(1-\lambda)Vk_{20}. \tag{8.23}$$

推论 8.1 最优的消费策略函数 $g(k)$ 是财富的递增函数.

证明 由最优性条件,我们知道 $V'(k)=u'(g(k))\geqslant 0$,把这个方程对资本存量求导数,我们得到

$$V''(k)=u''(g(k))g'(k). \tag{8.24}$$

因为值函数和效用函数的凹性,我们得到 $g'(k)>0$,即最优消费策略函数是财富的非降函数.

从上面的定理和推论,我们知道值函数和最优消费函数是财富的非降函数.即随着消费者财富的增加,消费者的消费水平和福利都得到改善.这里没有利用效用函数的常数弹性假设.

假设效用函数为

$$u(c)=\frac{c^{1-\gamma}}{1-\gamma},$$

其中,$\gamma>0$ 为常数替代弹性.当 $\gamma=1$ 时,效用函数 $u(c)=\log c$.

在上面的效用函数的假设下,可以把(8.14)改写成下面的形式

$$(g(k))^{-\gamma}=\beta E\{r(g((k-g(k))r))^{-\gamma}\}. \tag{8.25}$$

首先考虑消费函数是线性函数的情形,即消费—财富比率是常数,$g(k)=\lambda k$,其中 $0<\lambda<1$ 是常数.考虑这个函数的最优性,我们把函数 $g(k)=\lambda k$ 代入(8.25),得到

$$(\lambda k)^{-\gamma}=\beta E\{\lambda^{-\gamma}(1-\lambda)^{-\gamma}k^{-\gamma}r^{1-\gamma}\},$$

因此

$$(1-\lambda)^{\gamma}=\beta E(r^{1-\gamma}). \tag{8.26}$$

如果 $\beta E(r^{1-\gamma})$ 是正的,而且小于 1,那么由(8.26),可知 $g(k)=\lambda k$ 是可行的消费策略.首先由回报的非负性,可以得到 $\beta E(r^{1-\gamma})$ 是正的;其次 $\beta E(r^{1-\gamma})$ 小于 1 保证了解的可行性.下面利用定理 8.1 讨论 $g(k)=\lambda k$ 的最优性.首先验证横截条件成立,即定理 8.1 中条件 2 成立.

在 $g(k)=\lambda k$ 下,

$$k_t=r_{t-1}(k_{t-1}-c_{t-1})=(1-\lambda)k_{t-1}r_{t-1}, \tag{8.27}$$

因此,最优的财富路径为

$$k_t=(1-\lambda)^t k_0 \prod_{\tau=0}^{t-1} r_\tau. \tag{8.28}$$

这样

$$u'(g(k_t))=(g(k_t))^{-\gamma}=\lambda^{-\gamma}k_t^{-\gamma}, \tag{8.29}$$

因此

$$\beta^t k_t u'(g(k_t))=\beta^t \lambda^{-\gamma} k_t^{1-\gamma}=\beta^t \lambda^{-\gamma}(1-\lambda)^{t(1-\gamma)}k_0^{-\gamma}\prod_{\tau=0}^{t-1}r_\tau, \tag{8.30}$$

从而得到

$$E\beta^t k_t u'(g(k_t)) = E\beta^t \lambda^{-\gamma}(1-\lambda)^{t(1-\gamma)} k_0^{1-\gamma} \prod_{\tau=0}^{t-1} r_\tau.$$

因为 r_t 是独立同分布的随机变量,所以

$$E\beta^t k_t u'(g(k_t)) = \beta^t \lambda^{-\gamma}(1-\lambda)^{t(1-\gamma)} k_0^{1-\gamma} [Er_{1-\tau}]^t. \tag{8.31}$$

考虑到方程(8.26)给出的条件,我们得到

$$E\beta^t k_t u'(g(k_t)) = \beta^t \lambda^{-\gamma}(1-\lambda)^t k_0^{1-\gamma}. \tag{8.32}$$

这样横截性条件是成立的,从而消费函数 $g(k)=\lambda k$ 是最优的. 对于上面的最优消费函数,值函数为

$$\begin{aligned}
V(k_0) &= E\{\sum_{t=0}^{\infty} \beta^t u(c_t)\} \\
&= E\{\sum_{t=0}^{\infty} \beta^t \frac{\lambda^{1-\gamma}}{1-\gamma} k_t^{1-\gamma}\} \\
&= \frac{\lambda^{1-\gamma}}{1-\gamma} E\{\sum_{t=0}^{\infty} \beta^t k_t^{1-\gamma}\} \\
&= \frac{\lambda^{1-\gamma}}{1-\gamma} E\{\sum_{t=0}^{\infty} \beta^t (1-\lambda)^{t(1-\gamma)} k_0^{1-\gamma} \prod_{\tau=0}^{t-1} r_\tau\} \\
&= \frac{\lambda^{1-\gamma}}{1-\gamma} k_0^{1-\gamma} E\{\sum_{t=0}^{\infty} \beta^t (1-\lambda)^{t(1-\gamma)} \prod_{\tau=0}^{t-1} r_\tau\} \\
&= \frac{\lambda^{1-\gamma}}{1-\gamma} k_0^{1-\gamma} E\{\sum_{t=0}^{\infty} \beta^t (1-\lambda)^{t(1-\gamma)} [Er_{1-\tau}]^t\} \\
&= \frac{\lambda^{1-\gamma}}{1-\gamma} k_0^{1-\gamma} \{\sum_{t=0}^{\infty} (1-\lambda)^t\} \\
&= \frac{\lambda^{1-\gamma}}{1-\gamma} k_0^{1-\gamma}.
\end{aligned}$$

上面给出了值函数的形式,下面讨论不确定性如何影响最优的策略函数. 当 $\gamma=1$ 时,效用函数 $u(c)=\ln c$ 不确定性对最优的消费策略无影响,而且 $\lambda=1-\beta$. 如果 $u(c)=\ln c$,而且以概率为 1 取值 $r_t=\bar{r}$,我们仍然得到 $\lambda=1-\beta$ 不依赖于 $\bar{r}$.

当 $\gamma\neq 1$ 时,我们按下面的过程来讨论,假设 $\ln r$ 满足期望为 μ、方差为 σ^2 的正态分布. 容易证明下面的事实:

(1) $E(r)=\exp\{\mu+\sigma^2/2\}$;

(2) $\mathrm{var}(r)=(\exp\{\sigma^2\}-1)\exp\{\mu+\sigma^2/2\}$;

(3)$E(r^{1-\gamma})=\exp\{(1-\gamma)\mu+(1-\gamma)^2\sigma^2/2\}$;

(4)$\mathrm{var}(r)=(\mathrm{e}^{\sigma^2}-1)r\bar{r}$,如果记 r 的平均值为 $\bar{r}$;

(5)$E(r^{1-\gamma})=r\bar{r}^{1-\gamma}\exp\{-\gamma(1-\gamma)\sigma^2/2\}$.

把上面的关系代入(8.26)得到

$$(1-\lambda)^{\gamma}=\beta\bar{r}^{1-\gamma}\exp\{-\gamma(1-\gamma)\sigma^2/2\}. \tag{8.33}$$

对于 $0<\lambda<1$,我们有 $\beta\bar{r}^{1-\gamma}\exp\{-\gamma(1-\gamma)\sigma^2/2\}$. 在这个假设下,假设随机变量 r 的平均值不变,而 $\mathrm{var}(r)$ 上升;保持 $\mu+\sigma^2/2$ 为常数. 从(8.33)我们可以得到在保持平均值不变的情况下,当 $\gamma<1$ 时,随着 σ 增加,λ 增加;当 $\gamma>1$ 时,随着 σ 增加,λ 减少. 因此当 $\gamma<1$ 时,随着不确定性的上升,消费者的边际消费倾向上升;当 $\gamma>1$ 时,随着不确定性的上升,消费者的边际消费倾向下降.

假设 r 以概率为 $1/(2n+1)$ 取值为 $r=\bar{r}+m\varepsilon$,这里 ε 为正常数,$m=0,\pm1,\pm2,\cdots,\pm n$ 而假设 $r=\bar{r}+m\varepsilon>0$,因此

$$E(r)=\bar{r},$$

$$\mathrm{var}(r)=\varepsilon^2 n(n+1)/6.$$

把上面的条件代入方程(8.26),可以得到下面的条件

$$(1-\lambda)^{\gamma}=\beta\sum_{m=0}^{n}(\bar{r}+m\varepsilon)^{1-\gamma}/(2n+1).$$

如果保证 $\bar{r}$ 为常数,而 ε 增加,也就是不确定性增加,我们可以得到下面的结论:当 $\gamma<1$ 时,随着不确定性的增加,消费者的边际消费倾向上升;当 $\gamma>1$ 时,随着不确定性的上升,消费者的边际消费倾向下降.

第 9 章

随机系统最优控制

§9.1 引 言

9.1.1 问题描述

随机系统最优控制问题是现代控制理论非常重要的问题之一. 我们将一般随机控制系统表示为：

$$\dot{X} = f(X, u, V, t), X(t_0) = X_0, \tag{9.1}$$

其中，$X(t)$ 为 n 维状态向量，X_0 为随机初始向量，$V(t)$ 为带有指定随机特征的白噪声向量（即它是一个对所有时间其平均值为零的随机过程），$u(t)$ 为 $r(r \leqslant n)$ 维待定的控制向量.

被控对象的状态通过带有误差的测量设备进行测量. 测量值表示为：

$$Y(t) = \xi(X, t) + N(t), \tag{9.2}$$

其中，白噪声向量 $N(t) \in \mathbb{N}(0, Q(t)\delta(t))$，且与 $V(t)$ 互不相关. (9.2)通常称为观测方程或量测方程.

如果量测方程是线性的,则(9.2)可表示为

$$Y(t) = C(t)X(t) + N(t), \tag{9.3}$$

其中,$C(t)$ 为已知 $m \times n$ 矩阵,$Y(t)$ 在时间区间 $[t_0, t]$ 内可测.

控制向量 $u(t)$ 是通过观测向量 $Y(t)$ 来表示的某确定的物理量.即

$$u = u(Y(\tau), \tau), t_0 \leqslant \tau \leqslant t. \tag{9.4}$$

这意味着控制向量仅依赖物理可测量的系统状态信息.

在实际应用中,由于被控对象的物理特性及控制元件功率的限制,不可能取任意值,它必须受到某种确定的限制.通常表示为

$$|u_i| \leqslant U_{0i}, i = 1, \cdots, r. \tag{9.5}$$

这种限制常由一些线段构成的可容许区域(9.5)表示.因此上式又可以表示为

$$u \in U_0. \tag{9.6}$$

若对控制信号做均值限制,即满足不等式

$$E[u^T(t)K^{-1}u(t)] \leqslant \rho(t), \tag{9.7}$$

其中 $\rho(t)$ 为时间的标量函数或常量,$K(t)$ 为对称正定矩阵或具有正系数的对角矩阵.

若对整个控制资源进行限制,则满足不等式

$$\int_{t_0}^{t_k} E[u^T(t)K^{-1}u(t)dt] \leqslant \alpha, \tag{9.8}$$

其中,α 为常数.

最优控制问题的求解就是寻找可实现的分段连续向量函数 $u = u(Y, t)$ 及相应的状态向量 $X(t)$,使运动轨迹满足由最优准则或最优性能代价函数所确定的需求.

最优控制问题的求解,与动力学系统的某些特性(如可控性)相关.可控性在 1961 年首先被提出来并使用到确定性的线性控制系统.在确定控制系统中,可控性或不可控性是指能否存在分段的连续向量,在某个指定的时间内,将系统从已知的初始状态转移到需要的终止状态.

对于随机系统也可以考虑它的随机可控性,当被控制对象受随机振动或干扰信号作用时,它能否可控与系统状态的后验概率分布的渐进收敛性直接有关.在实际应用中,最简单的方法就是使用控制误差的后验概率分布的相关矩阵来确定它的随机

可控性.例如,假设随机连续系统的状态向量为 $X(t)$,它的确定性的理论需求值为 $x_T(t)$.当观测信号被测量时,控制信号 $E(t)=X(t)-x_T(t)$ 的后验概率协方差阵为

$$R(t)=E[(X(t)-x_T(t))(X(t)-x_T(t))^T|Y(\tau),t_0\leqslant\tau\leqslant t].$$

在条件

$$E[(X(t)-x_T(t))|Y(\tau),t_0\leqslant\tau\leqslant t]=0$$

满足的情况下,当 $t\to\infty$ 时,矩阵 $R(t)$ 的迹 $trR(t)$ 是有限的,则误差信号的模 $|e(t)|$ 也是有限的,从而此随机控制系统是可控的.这意味着在此系统中,随机干扰信号的影响是有限的.

9.1.2　最优准则(最优代价函数)

准则(代价函数)的最优性是依据所解决问题的内容而确定的.在实际应用中,通常选取技术及经济指标作为准则(代价函数),如工作点、能量消耗、流量(供给量)及其他特性.一般情况下,准则的最优性取决于被控对象的振动特性、状态向量的需求值、控制向量/控制时间.最优准则为上述特性的泛函数或函数,最优控制应该确保所提出的准则(代价函数)达到最优.一般情况下,泛函数可表示为

$$F_0(X,u,V,t_k) \tag{9.9}$$

其中,t_0 为控制开始时间,t_k 为控制终止时间.

由于向量 $X(t)$ 具有随机值,故泛函数 F_0 为随机标量函数.而准则一般取非随机函数.例如,取泛函数的概率估计 $\hat{F}_0$,即在观测区间 $[t_0,t_k]$ 内观测向量 $Y(\tau)$ 被测量的情况下,估计泛函的随机值.通常求解函数 F_0 最优估计值 $\hat{F}_0$,使估计误差平方的数学期望的最小值,即最优估计值 $\hat{F}_0$ 应满足

$$E[(\hat{F}_0-F_0)^2]=\min. \tag{9.10}$$

可以证明,在均方误差最小条件下得到的最优泛函估计值 $\hat{F}_0$ 为当观测向量 $Y(\tau)$ 在时间区间 $[t_0,t_k]$ 内可测量情况下泛函 F_0 的条件数学期望 $M[F|Y(\tau),t_0\leqslant\tau\leqslant t_k]$,即

$$\hat{F}_0(X,u,V,t_k)=E[F_0(X,u,V,t_k|Y(\tau)),t_0\leqslant\tau\leqslant t_k]. \tag{9.11}$$

下面,我们证明(9.11).

(9.10)可以分解为
$$E[(\hat{F}_0-F_0)^2]=E[E[(\hat{F}_0-F_0)^2|Y(\tau),t_0\leqslant\tau\leqslant t_k]]. \tag{9.12}$$
显然,上式可以分两步来计算:

①在随机测量函数样本 $Y(\tau),(t_0\leqslant\tau\leqslant t_k]$ 已确定的情况下,对估计误差函数平方求均值,即
$$E[(\hat{F}_0-F_0)^2|Y(\tau),t_0\leqslant\tau\leqslant t_k].$$
记
$$E_y[F]=E[F|Y(\tau),t_0\leqslant\tau\leqslant t_k],$$
其中,F 为任意给定的函数. 由于
$$E_y[(\hat{F}_0-F_0)^2]=E_y[\hat{F}_0^2]+E_y[F_0^2]-2E_y[\hat{F}_0 F_0], \tag{9.13}$$
考虑到
$$E_y[\hat{F}_0]=\hat{F}_0,E_y[\hat{F}_0^2]=\hat{F}_0^2=(E_y[\hat{F}_0])^2,$$
$$E_y[\hat{F}_0 F_0]=\hat{F}_0 E_y[F_0]=E_y[\hat{F}_0]E_y[F_0],$$
将上述等式代入(9.12),得
$$E_y[(\hat{F}_0-F_0)^2]=(\hat{F}_0-E_y[F_0])^2+E_y[F_0^2]-(E_y[F_0])^2. \tag{9.14}$$
②对于所求条件均值关于随机量测函数求均值. 将(9.14)代入(9.11),得
$$E_y[(\hat{F}_0-F_0)^2]=E[(\hat{F}_0-E_y[F_0])^2]+E[E_y[F_0^2]]-E[(E_y[F_0])^2].$$
$$\tag{9.15}$$

由(9.15)可看出,它的右边后两项与 $\hat{F}$ 无关,若求泛函 F_0 最优估计值使(9.15)达到极小值,这等价于使
$$E[(\hat{F}_0-E_y[F_0])^2]$$
达到极小值. 由于
$$E[(\hat{F}_0-E_y[F_0])^2]\geqslant0,$$
故必须
$$\hat{F}_0-E_y[F_0]=0, \tag{9.16}$$
从而,有
$$\hat{F}_0=E_y[F_0].$$

这就给出了证明.

由于(9.15)仍为随机函数,在实际应用中,为方便起见,可使用确定的泛函值,即对(9.15)再求均值作为最优准则或最优代价函数,即

$$F_0^*(m_y, u, t_k) = E[E[F_0(X, u, V, t_k) | Y(\tau), t_0 \leqslant \tau \leqslant t_k]]. \qquad (9.17)$$

注意,使用最优准则(9.11)或(9.17),求出的最优控制向量及最优状态轨迹是相同的.

在实际应用过程中,我们通常根据控制终止时间将准则或代价函数分为两类:

(1)固定终止时间准则或终值准则

这是一种常用的准则,此时,$t_k - t_0 =$ 常数,最优准则等价于当观测向量 $Y(\tau)$ 在时间区间 $[t_0, t_k]$ 内被量测情况下泛函的条件数学期望 $E[F_0 | Y(\tau), t_0 \leqslant \tau \leqslant t_k]$.

(2)不固定终止时间准则或局部准则

此时,$t_k - t_0 \triangle T$ 不固定. 在此情况下,最优准则等价于当观测向量 $Y(\tau)$ 在时间区间 $[t_0, t_k]$ 内被量测情况下泛函的条件数学期望. 由于准则或代价函数的条件数学期望通常为关于控制时间的递增正函数,因此,准则的最优性等价于选择局部最优的控制向量 $u(t)$,在任意当前时刻 t,确保泛函值 F_0 的条件数学期望 $E[F_0 | Y(\tau), t_0 \leqslant \tau \leqslant t_k]$ 增长速度最慢,它进一步等价于选择局部最优的控制向量 $u(t)$,在任意当前时刻 t,确保泛函值 F_0 的条件数学期望 $E[F_0 | Y(\tau), t_0 \leqslant \tau \leqslant t_k]$ 关于时间 t 的导数达到最小或关于时间 t 的负导数达到最大,即

$$\min_u \{\dot{F}_0(X(t), u(t), V(t), t)\}$$
$$= \min_u \{\frac{d}{dt} E[F_0(X(t), u(t), V(t), t) | Y(\tau), t_0 \leqslant \tau \leqslant t_k]\}. \qquad (9.18)$$

由于

$$\min_u \{-\dot{F}_0(X(t), u(t), V(t), t)\} = \min_u \{\dot{F}_0(X(t), u(t), V(t), t)\},$$

因此准则的最优性又等价于选择局部最优的控制向量 $u(t)$,在任意当前时刻 t,确保泛函值 F_0 的条件数学期望的负值 $-E[F_0 | Y(\tau), t_0 \leqslant \tau \leqslant t_k]$ 关于时间 t 的导数达到最大,即

$$\max_u \{\dot{F}_0(X(t), u(t), V(t), t)\}$$
$$= \max_u \{\frac{d}{dt} E[F_0(X(t), u(t), V(t), t) | Y(\tau), t_0 \leqslant \tau \leqslant t_k]\}. \qquad (9.19)$$

同样地,也可以使用泛函值的数学期望代替泛函值的条件数学期望.从而,准则的最优性又等价于选择局部最优的控制向量 $u(t)$,在任意当前时刻 t,确保泛函值 F_0 的数学期望的负值 $F_0^*(m_x(t),u(t),V(t),t)$ 关于时间 t 的导数达到最大,即

$$\max\{\dot{F}_0^*(m_x(t),u(t),V(t),t)\}=\max\{-\frac{d}{dt}E[F_0(X(t),u(t),V(t),t)]\}.$$

$$(9.20)$$

代价函数是由控制任务的特性决定的,在工程实践中常选择二次型代价函数,即

$$F_0(X,x_T,u,V,t_k)=[(X(t_k)-x_T(t_k)^T\Gamma(t_k))(X(t_k)-x_T(t_k))]$$
$$+\int_{t_0}^{t_k}(X(\tau)-x_T(\tau)^TL(\tau))(X(\tau)-x_T(\tau))$$
$$+u^T(\tau)K^{-1}u(\tau)d\tau,$$

$$(9.21)$$

其中,$L(t)$ 为非负定确定性矩阵,$K(t)$ 为正定对称矩阵,$\Gamma(t)$ 为对称非负定矩阵.y_T 为理论需求状态,它可以事先指定或由下列方程确定

$$\dot{x}_T=f_T(x_T,t),x_T(t_0)=x_{T0},$$

$$(9.22)$$

为不失一般性,以后的证明我们假设 $\chi(0)=0$,以简化计算.

9.1.3　最优控制方法

第 1 小节已介绍过,本书主要使用泛函数变分法或差分法求解最优控制问题.虽然泛函数变分法的提出已有很长时间了,但将此方法应用到自动控制领域来求解最优控制问题的时间并不长.求解最优控制问题并不总是将其转化为经典的变分问题来计算,也可以直接构造一些特殊算法.在 20 世纪 50 年代中后期,苏联控制论专家庞特利亚金及美国学者贝尔曼几乎是同时分别提出了求解最优控制问题的两种方法,即庞特利亚金最大值原理与贝尔曼动态规划法,它们是泛函数变分法向两个不同方向发展的结果.最大值原理利用泛函数变分法和欧拉方程来求解动力学系统的极值问题;而动态规划法是基于非经典的哈密尔顿-雅可比法,侧重于构造及考虑整个极值空间.这两种方法是等价的,并得以证明.此证明方法也很容易推广到随机控制系统,使用这些方法求解带有很多限制条件的复杂系统的最优控制问题,而此问题无法使用函数变分法求解.但是,利用这些算法通常只能给出一般的求解公式,实际求解计算量非常大,一般情况下只能用计算机计算以获得数值解.值得注意的是:虽然

这两种方法都能用于解最优控制问题,但它们的适用范围不尽相同:最大值原理适用于求解连续时间系统的最优控制问题;而动态规划法比较适用于求解离散时间系统的最优控制问题. 这两种方法开始都被用来求解确定性的最优控制问题,后来被推广到求解随机系统的最优控制.

利用最大值原理可以求解控制系统的各种优化问题. 在实际应用过程中,我们通常先将控制系统的各种具体优化问题转化为统一的标准优化问题,然后使用最大值原理来求解. 目前,根据控制目的可将所有最优控制问题分为三类:时间最短控制、终端状态控制和能量最小控制. 通过扩大状态空间的维数,可以将三类问题转化为统一的标准优化问题. 下面我们将具体讨论如何将这三种问题转化为统一的标准优化问题.

(1)时间最短控制

此种控制的目的是将被控对象从初始状态 $X(t_0)$ 转移到指定的终止状态 $X(t_k)$,使转移时间 $t_k - t_0 = T$ 达到最小. 它的准则或代价函数定义为

$$F_0 = \int_{t_0}^{t_k} dt, \tag{9.23}$$

添加新的状态变量 $Xn+1$ 为

$$\dot{X}_{n+1}(t) = 1, X_{n+1}(t_0) = t_0,$$

则(9.21)转化为

$$X_{n+1}(t_k) = F_0 = \int_{t_0}^{t_k} dt = t_k - t_0. \tag{9.24}$$

这样,求解最优控制向量 u,使代价函数达到最小问题就转化为求解最优控制向量 $u(t)$,使新的状态 $X_{n+1}(t)$ 在时刻 t_k 达到最小问题.

(2)最优终端状态控制

此种控制的目的是将被控对象从初始状态转移 $X(t_0)$ 到指定的终止状态 $X(t_k)$,并使得只与终止状态有关的代价函数达到最小值,它的准则或代价函数定义为

$$F_0 = F_0(X(t_k), t_k) \tag{9.25}$$

添加新的状态变量 $X_{n+1}(t)$ 为

$$X_{n+1}(t) = F_0(X(t), t). \tag{9.26}$$

假设函数 $F_0(X(t),t)$ 关于时间 t 可微分,对(9.21)两边关于时间 t 求微分,并将系统状态方程(9.1)代入,得

$$\dot{Y}_{n+1}(t)=\frac{\partial F_0}{\partial t}+\sum_{r=1}^{n}\frac{\partial F_0}{\partial X_r}f_r(Y,u,V,t),\quad X_{n+1}(t_0)=F_0(X(t_0),t_0),\quad (9.27)$$

则

$$X_{n+1}(t_k)=F_0(X(t_k),t_k).$$

因此,原优化问题就转化为使新的状态 $Y_{n+1}(t)$ 在时刻 t_k 达到最小问题.

(3)能量花费最小控制

此种控制的目的是将被控对象从初始状态 $X(t_0)$ 转移到指定的终止状态 $X(t_k)$,并使得在整个控制过程中所花费的能量达到最小. 它的准则或代价函数定义为

$$F_0=\int_{t_0}^{t_k}q(X,x_T,u,t)dt,\quad (9.28)$$

添加新的状态变量 $X_{n+1}(t)$ 为

$$\dot{X}_{n+1}(t)=q(X,x_T,u,t),\quad X_{n+1}(t_0)=0,\quad (9.29)$$

则

$$X_{n+1}(t)=F_0=\int_{t_0}^{t_k}q(X,x_T,u,t)dt,$$

同样将原优化问题转化为使得状态 $X_{n+1}(t)$ 在时刻 t_k 达到最小问题.

以上我们讨论了如何将三种常见的最优控制问题转化为统一的标准优化问题. 然而,在实际控制过程中,控制系统的终止状态还要受到各种其他因素的限制,而且这些因素可能是随机的. 通常假设这些限制表示为

$$g_r(X_1(t_k),\cdots,X_n(t_k))=0,\quad r=1,\cdots,l,\quad (9.30)$$

其中,g_r $(r=1,\cdots,l)$ 为任意可微函数,$t_k-t_0=T$ 为固定值.

对于非固定终止时间控制问题,通常假设限制条件表示为

$$g_r(X_1(t_k),\cdots,X_n(t_k),t_k)=0,\quad r=1,\cdots,l.\quad (9.31)$$

通过以上分析,我们可以总结出一般确定性控制系统的统一的标准优化问题的提法为求解最优控制向量 $u(t)$,在满足终止状态限制条件(9.30)或(9.31)的情况下,使新的状态 $X_{n+1}(t)$ 在时刻 t_k 达到最小值.

很明显,上述标准优化问题是一个条件极值问题,使用拉格朗日法可以将其转化为无条件极值问题:

$$P(t_k) = X_{n+1}(t_k) + \sum \lambda_r g_r(X_1(t_k), \cdots, X_n(t_k)),\qquad (9.32)$$

其中,$\lambda r(r=1,\cdots,l)$ 为待定参数. 函数 π 常被称为庞特利亚金泛函,这样确定性控制系统的统一的标准优化问题的最终提法为:求解最优控制向量使庞特利亚金泛函 π 达到极小值.

对于随机系统最优控制问题,我们也可以类似地给出统一的标准优化问题提法. 下面我们结合一般随机控制系统状态模型式(9.1)及量测模型式(9.2),以及控制向量的限制条件(9.5)或(9.6),给出随机系统最优控制的统一的标准提法,即:求解题控制向量 $u(t)$,满足限制条件(9.5)或(9.6),而且,将由状态模型(9.1)及量测模式(9.2)描述的随机被控对象从初始状态 $X(t_0)$ 转移到事先指定的终止状态 $X(t_k)$ 区域,确保庞特利亚金泛函 $\pi(t_k)$ 的条件数学期望

$$P(t_k) = E\big[P(t_k)|Y(\tau), t_0 \leqslant \tau \leqslant t_k\big]$$

达到极小值.

注意,通常只考虑极小值问题,若要求极大值问题,只要在庞特利亚金泛函前乘 (-1) 即可.

将上述随机控制系统的统一的标准优化问题用简洁的数学公式描述,即最优控制向量满足

$$u = \operatorname*{argmin}_{u \in U_0} \{\hat{E}(t_k)\} = \operatorname*{argmin}_{u \in U_0} E\big[P(t_k)|Y(\tau), t_0 \leqslant \tau \leqslant t_k\big].\qquad (9.33)$$

我们使用庞特利亚金最大值原理与动态规划法来求解. 由于此方法是在 1958 年由庞特利亚金和他的学生首先提出的,因此称为庞特利亚金最大值原理.

§9.2　随机最大值原理

上一节将各种形式的随机系统最优控制问题转化为统一的标准优化问题. 而对此优化问题的求解可以转化为求解最优控制向量 $u(t)$,使其满足(9.31). 下面我们使用最大值原理,具体求解最优控制向量.

9.2.1　随机系统最优控制算法

在本小节中,我们利用最大值原理给出随机系统最优控制一般算法.下面首先介绍随机最大值原理.

定理 9.2.1(随机最大值原理)　若存在最优控制向量 $u(t)$,满足限制条件(9.5)或(9.6)且将由状态模型(9.1)及量测模型(9.2)描述的随机被控对象从初始状态 $X(t_0)$ 到事先指定的终止状态 $X(t_k)$ 区域时,确保庞特利亚金泛函 $P(t_k)$ 的条件数学期望 $\hat{E}(t_k)$ 达到极小值,则在时间区间 $[t_0,t_k]$ 内,最优控制向量 $u(t)$ 使下列哈密尔顿函数 $H(Y,u,\psi,t)$ 的条件数学期望 $\hat{H}(\hat{X},a,\hat{\psi},t)$ 达到最大值或上确界,即控制向量满足 $u(t)$

$$u=\max_{u\in U_0}\hat{H}(\hat{X},a,\hat{\psi},t) \tag{9.34}$$

或

$$u=\sup_{u\in U_0}\hat{H}(\hat{X},a,\hat{\psi},t), \tag{9.35}$$

其中,哈密尔顿函数定义为

$$H(Y,u,\psi,V,t)=\psi^T f=\sum_{i=1}^{n+1}\psi_i f_i. \tag{9.36}$$

函数 $f_i(i=1,\cdots,n)$ 为式(9.1)中右边的向量函数 f 的分量;ψ 为拉格朗日乘子,它为待定的伴随函数.哈密尔顿函数条件数学期望为

$$\hat{H}(\hat{X},a,\hat{\psi},t)=E[H(Y,u,\psi,V,t)|Y(\tau),t_0\leqslant\tau\leqslant t_k^-], \tag{9.37}$$

状态向量 $X(t)$ 与伴随函数 $\psi(t)$ 的条件数学期望为

$$\hat{X}=E[X|Y(\tau),t_0\leqslant\tau\leqslant t_k]:=E_y[x],\hat{\psi}=E_y[\psi],$$

它们可由下列微分方程确定

$$\hat{X}_i=E_y\left[\frac{\partial H}{\partial\psi_i}\right],i=1,2,\cdots,n+1, \tag{9.38}$$

$$\hat{\psi}_i=-E_y\left[\frac{\partial H}{\partial X_i}\right],1,2,\cdots,n+1, \tag{9.39}$$

边界条件为

$$\hat{X}_i(t_0)=m_{i0},i=1,2,\cdots,n+1, \tag{9.40}$$

$$\hat{\psi}_i = -E_y\left[\frac{\partial P(t_k)}{\partial X_i}\right], i=1,2,\cdots,n+1, \tag{9.41}$$

其中,E_z 表示在时间区间$[t_0,t_k]$内观测向量已被测量时的条件数学期望. 若被控对象即(9.1)是非线性系统,最大值原理仅给出最优控制存在的必要条件,而对于线性系统来说,它给出了最优控制存在的充分必要条件. 利用最大值原理求解最优控制问题就是寻找最优控制 $u(t)$,满足限制条件(9.5)或(9.6),且在控制时间区间$[t_0,t_k]$内,使哈密尔顿函数 $H(X,u,v,V,t)$的条件数学期望 $E[H(X,u,v,V,)]$达到最大值. 假设控制向量 $u(t)$不受约束,利用求极值的方法即可求出最优控制向量 $u(t)$,即求解方程

$$\frac{\partial \hat{H}}{\partial u}=0. \tag{9.42}$$

若 $\hat{H}$ 的极值存在,则由(9.42)可求出最优控制向量 $u(t)$.

注意:以上我们讨论的都是基于固定终止时间的假设.

若终止时间不固定,且终止状态满足(9.31)的约束条件时,为了获得(9.38)和(9.39)的解,还需要添加一些约束条件,称它为横截条件,即

$$\hat{H}\mid_{t=t_k} = -\sum_{r=1}^{l}\lambda_r\frac{\partial \hat{g}r}{\partial t}\mid_{t=t_k}. \tag{9.43}$$

若终止时间不固定,且终止状态满足(9.31)的约束条件,即为隐性约束条件截条件为

$$\hat{H}\mid_{t=t_k}=0. \tag{9.44}$$

此时,结合(9.42)可以推出,哈密尔顿函数条件数学期望 $\hat{H}$ 的最大值为 0.

综上所述,利用最大值原理求解最优控制问题可分为以下三步

①通过求由(9.34)或(9.35)确定的哈密尔顿函数条件数学期望 $\hat{H}$ 的极值来获得最优控制向量 $u(t)$.

②列出状态估计(9.38)、伴随函数估计(9.39)以及边值条件(9.40)和(9.41);若终止时间 t 不固定,则还要增加横截条件(9.43)或(9.44).

③求解微分方程两点边值问题获得(9.38)及(9.39)的解.

注意:在实际应用中,通常不是按上述三个步骤逐一进行,而是同时求解最优控制向量 $u(t)$与状态估计向量 $\hat{X}(t)$. 为了便于读者更好地掌握最大值原理,下面我们

使用它来求解三种常见的随机系统最优控制问题.

9.2.2 最短时间控制

最短时间控制是控制理论中首先使用泛函变分法求解最优控制器的问题. 对于无随机干扰的确定性系统的最短时间控制问题的研究已经很成熟. 它的最优控制器是继电器式的,具有 n 个常数值区间和 $n-1$ 个转换开关. 此控制问题的研究在最优控制理论的发展方面起着非常重要的作用. 但在实际应用过程中,系统状态的测量不可避免地带有误差,且被控对象本身也受到外界干扰的影响,同时被控对象的初始及终止状态也是随机向量. 因此,必须使用随机最大值原理来求解此随机系统的最短时间控制问题.

假设被控对象由正则随机非线性微分方程表示

$$\dot{X} = \varphi(X,t) + Du + V, X(t_0) = X_0, \tag{9.45}$$

其中,φ 为已知非线性向量函数,$X(t)$ 为 n 维状态向量,$u(t)$ 为 r 维控制向量,$D(t)$ 为 $n \times r$ 维已知矩阵. 白噪声 $V(t) \in N(0, G(t)\delta(t))$.

终止状态 $X(t_k)$ 满足

$$X(t_k) = X_k, \tag{9.46}$$

量测方程同(9.2).

假设系统初始及终止状态的数学期望 mx_0、xx_k,方差矩阵 θx_0、θx_k 已知的. 求解最优控制向量 $u(t)$,满足限制条件 $u_i(t) \leqslant U_{0i}$,使被控对象在最短的时间内从初始状态 X_0 转移到终止状态 X_k.

它的准则或代价函数定义为

$$F_0 = \int_{t_0}^{t_k} dt.$$

下面,我们按前面介绍的步骤来求解:

(1)转化为标准优化问题

添加第 $n+1$ 个状态变量 x_n+1,满足

$$\dot{X}_{n+1}(t) = 1, X_{n+1}(t_0) = t_0, \tag{9.47}$$

则代价函数转化为

$$X_{n+1}(t_k) = F_0 = \int_{t_0}^{t_k} dt = t_k - t_0.$$

定义庞特利亚金泛函

$$P(t_k) = X_{n+1}(t_k) + \sum_{i=1}^{n} \lambda_i [X_i(t_k) - x_{ki}], \tag{9.48}$$

从而最短时间控制问题转化为求解最优控制向量 $u(t)$，满足限制条件 $|u_i(t)| \leqslant u_0$，使庞特利亚金泛函的条件数学期望 $E_y[P(t_k)]$ 达到最小值.

（2）求最优控制向量

定义哈密尔顿函数

$$H = \psi^T[\varphi(X,t) + Du + V] + \psi_{n+1}, \tag{9.49}$$

则它的条件数学期望为

$$\hat{H} = E_y[\psi^T \varphi(X,t)] + (\hat{\psi}^T D)u + E_y[\psi^T V] + \hat{\psi}_{n+l}, \tag{9.50}$$

利用随机最大值原理，即求最优控制向量 $u(t)$，使（9.50）达到最大值，故可推出

$$(\hat{\psi}^T D)u > 0, u \in U_0, \tag{9.51}$$

表示为标量形式

$$\sum_{i=1}^{n} (\hat{\psi}^T D)_i u_i > 0, |u_i| \leqslant U_0. \tag{9.52}$$

因此，最优控制向量 $u(t)$ 可以表示为

$$u_i = U_{0i} \mathrm{sgn}(\hat{\psi}^T D)_i, i = 1, 2, \cdots, n, \tag{9.53}$$

其中，$(\hat{\psi}^T D)_i$ 为 $(\hat{\psi}^T D)$ 的第 i 个分量，$\hat{\psi}$ 为伴随函数 ψ 的条件数学期望.

由式（9.53）知，最优控制器 $u(t)$ 是继电器式的，开关由函数 $(\hat{\psi}^T D)_i$ 的符号来确定.

（3）确定状态估计及伴随函数估计方程

利用（9.37）及边值条件（9.39），得

$$\dot{\hat{\psi}} = -\sum_{i=1}^{n} E_y\left[\frac{\partial \varphi_i}{\partial X_j}\right], \hat{\psi}_j(t_k) = -\lambda_j, j = 1, 2, \cdots, n, \tag{9.54}$$

$$\dot{\hat{\psi}}_{n+1} = 0, \hat{\psi}_{n+1}(t_k) = -E_y\left[\frac{\partial P(t_k)}{\partial X_i}\right] = -1. \tag{9.55}$$

（4）求解状态估计及伴随函数估计方程两点边值问题获得方程的解

此步计算涉及状态方程（9.45）函数 φ 与观测方程（9.2）中函数的具体类型. 它们

的类型不同,系统状态向量的估计方法也不同. 下面针对线性系统情形,给出(9.54)和(9.55) 的求解算法.

假设被控对象由随机线性微分方程表示,即函数 φ 及函数 ξ 可以表示为

$$\varphi(X,t)=A(t)X; \xi(X,t)=C(t)X,$$

其中,$A(t),C(t)$ 分别为 $n \times n$ 和 $m \times n (m \leqslant n)$ 维的已知矩阵,白噪声 $V(t) \in \mathcal{N}(0, G(t)\delta(t)), N(t) \in \mathcal{N}(0,Q(t)\delta(t))$,且它们互不相关.

可获得状态估计方程

$$\dot{\hat{X}}=A\hat{X}+RC^TQ^{-1}(Y-C\hat{X})+DU_0\mathrm{sgn}(\hat{\psi}^TD), \hat{X}(t_0)=m_{x0}, \tag{9.56}$$

其中,矩阵 $R(t)$ 满足

$$\dot{R}=AR+RA^T-RC^TQ^{-1}CR+G, R(t_0)=\theta_{x0}, \tag{9.57}$$

它的伴随方程为

$$\dot{\hat{\psi}}=-\hat{\psi}A^T, \hat{\psi}(t_k)=-\lambda, \tag{9.58}$$

$$\dot{\hat{\psi}}_{n+1}=0, \hat{\psi}_{n+1}(t_k)=-1. \tag{9.59}$$

若已知终止状态的某随机特性,如 $E[X_k^T X_k]$,则求解联立方程(9.56)、(9.59)的两点边值问题,可获得伴随函数的估计值 ψ,代入(9.53),即可求出最优控制向量 $u(t)$ 的具体表达式.

注意,此类问题在通常情况下只有数值解.

例 9.2.1　假设被控对象由下列随机线性微分方程描述

$$\begin{cases} \dot{X}_1=X_2, & X_1(t_0)=X_{10}, \\ \dot{X}_2=-X_1-3X_2+u+V, & X_2(t_0)=X_{20}, \end{cases}$$

其中,白噪声 $V(t) \in N(0,G(t)\delta(t))$.

初始状态向量的数学期望 m_{x10}, m_{x20} 及方差 $\theta_{x10}, \theta_{x20}$ 已知. 终止状态向量 $X_1(t_k)=X_{1k}, X_2(t_k)=X_{2k}$ 满足

$$E[X_{1k}^2+X_{2k}^2]^2=\rho,$$

量测方程为

$$Y_1(t)=X_1(t)+N(t),$$

其中,白噪声 $N(t) \in N(0,Q(t)\delta(t))$,且与 $V(t)$ 互不相关. 要求确定最优控制向量

$u(t)$,满足限制条件$|u(t)|\leqslant U_0$,使得在最短时间内将被控对象从初始状态转移到终止状态.

解 定义新的状态变量 $x_3(t)$

$$\dot{X}_3(t)=1,X_3(t_0)=t_0,$$

再定义庞特利亚金泛函

$$\pi(t_k)=X_3(t_k)+\lambda_1(X_i(t_k)-X_{1k})+\lambda_2(X_2(t_k)-X_{2k}),$$

则时间最短问题转化为求解最优控制向量 $u(t)$,满足限制条件$|u(t)|\leqslant U_0$,使庞特利亚金泛函的条件数学期望 $E_y[\pi(t_k)]$ 达到最小值.

下面利用最大值原理求解:

定义哈密尔顿函数

$$H=\psi_1 X_2+\psi_2(-X_1-3X_2+u+\dot{V})+\psi_3,$$

则时间最短问题又转化为求解最优控制向量 $u(t)$,满足限制条件$|u(t)|\leqslant U_0$,使哈密尔顿函数的条件数学期望 $Ey[H]$ 达到最大值.

利用极值定理,可求出最优控制为

$$u=U\mathrm{sgn}(\hat{\psi}_2).$$

下面,需要给出伴随函数的估计表达式.利用伴随方程式(9.54)和式(9.55),得

$$\begin{cases} \dot{\hat{\psi}}_1=\hat{\psi}_2, & \hat{\psi}_1(t_k)=-\lambda_1, \\ \dot{\hat{\psi}}_2=-\hat{\psi}_1+3\hat{\psi}_2, & \hat{\psi}_2(t_k)=-\lambda_2, \end{cases}$$

上述两方程等价于

$$\ddot{\hat{\psi}}_2-3\dot{\hat{\psi}}_2+\hat{\psi}_2=0,$$

求解此方程,得

$$\hat{\psi}_2(t)=a_1 e^{a\frac{t}{t}}\sin(\frac{\sqrt{5}}{5}it+a_2),$$

其中,a_1、a_2 为待定参数.

为了求出待定参数 a_1、a_2,首先将伴随函数的估计表达式代入最优控制向量的表达式,得

$$u = U\mathrm{sgn}\left[a_1 \mathrm{e}^{\frac{t}{i}} \sin(\frac{\sqrt{5}}{5}it + a_2)\right],$$

然后，列出状态估计方程及其边值条件

$$\begin{cases} \dot{\hat{X}}_1 = \hat{X}_2 + R_{11}\dfrac{1}{Q}(Y_1 - \hat{X}_1), & \hat{X}_1(t_0) = m_{x10}, \\[2mm] \dot{\hat{X}}_2 = -\hat{X}_1 - 3\hat{X}_2 + u + R_{11}\dfrac{1}{Q}(Y_1 - \hat{X}_1), & \hat{X}_2(t_0) = m_{x20}, \end{cases}$$

其中，$R_{11}(t)$，$R_{12}(t)$ 和 $R_{22}(t)$ 满足

$$\begin{cases} \dot{R}_{11} = 2R_{12} - \dfrac{1}{Q}(R_{11}^2 + R_{12}^2), & r_{11}(t_0) = \theta_{x10} \\[2mm] \dot{R}_{12} = -R_{11} - 3R_{12} + R_{22} - \dfrac{1}{Q}(R_{11}R_{12} + R_{12}R_{22}), & r_{12}(t_0) = \theta_{x10}\theta_{x20}. \\[2mm] \dot{R}_{22} = -2R_{12} - 6R_{22} - \dfrac{1}{Q}(R_{12}^2 + R_{22}^2) + G, & r_{22}(t_0) = \theta_{x20} \end{cases}$$

最后，利用终止状态向量 X_{1k}，X_{2k} 的已知概率特性，并求解关于 $\hat{\psi}_1$，$\hat{\psi}_2$ 及 $\hat{X}_1$，$\hat{X}_2$ 的联立方程，从而获得最优控制向量中的待定参数 a_1，a_2. 由最优控制向量表达式可知，它只有两个常值 $\pm U_0$.

9.2.3　终值控制问题

终值控制问题是最优控制的基本问题之一，有非常广泛的实际应用. 下面，我们仍然用最大值原理来求解.

假设随机系统的状态方程与观测方程分别同式(9.43)及式(9.2)，并假设控制时间 $t_k - t_0 = T$ 固定.

代价函数定义为

$$F_0 = F(y(t_k)),$$

其中，F 为已知的确定性函数.

目标：求解最优控制向量 $v(t)$，满足限制条件 $|u(t)| \leqslant U_0$，且使代价函数 F 的条件数学期望 $E_y[F]$ 达到最小.

下面，我们按照前面介绍的步骤求解.

(1)转化为标准优化问题

引进第 $n+1$ 个状态变量 $X_{n+1}(t)$

$$X_{n+1}(t) = F(X(t), t),\qquad(9.60)$$

对(9.60)两边关于时间求导数,并将(9.45)代入,得

$$\dot{X}_{n+1} = \sum_{j=1}^{n} \frac{\partial F}{\partial X_j}[\varphi_j(X, t) + u_j + V_j], X_{n+1}(t_0) = F(X(t_0), t_0),\quad(9.61)$$

从而

$$X_{n+1}(t_k) = F(X(t_k)),\qquad(9.62)$$

进一步,定义庞特利亚金泛函

$$P(t_k) = X_{n+1}(t_k).\qquad(9.63)$$

注意:由于系统终止状态 $X(t_k)$ 没有限制,因此,庞特利亚金泛函 $P(t_k)$ 与第 $n+1$ 个状态变量 X_{n+1} 在时刻 t_k 的函数值相同,从而终值控制问题转化为求解最优控制向量 $u(t)$,满足限制条件 $|u_i(t)| \leqslant U_{0i}$,使庞特利亚金泛函 $P(t_k)$ 的条件数学期望 $E_y[\pi(t_k)]$ 达到最小值.

(2)求最优控制向量

定义哈密尔顿函数

$$H = \sum_{j=1}^{n} (\psi_j + \psi_{n+1} \frac{\partial F}{\partial X_j})(\varphi_j(X, t) + (Du)_j + V_j).\qquad(9.64)$$

为了得到哈密尔顿函数的条件数学期望 $E_y[H]$ 的具体表达式,首先直接使用伴随方程,而不是用伴随估计方程来对哈密尔顿函数进行化简. 因为满足伴随方程的函数的估计值必满足伴随估计方程.

伴随函数应满足微分方程

$$\dot{\psi}_i = -\sum_{j=1}^{n} \left[\left(\psi_j + \psi_{n+1} \frac{\partial F}{\partial X_j} \right) \frac{\partial \varphi_j}{\partial X_i} + \psi_{n+1} \frac{\partial^2 F}{\partial X_i \partial X_j} \dot{X}_j \right],\qquad(9.65)$$

$$\dot{\psi}_{n+1} = 0,\qquad(9.66)$$

终止条件为

$$\psi_i(t_k) = 0, (i = 1, \cdots, n), \psi_{n+1}(t_k) = -1.\qquad(9.67)$$

由(9.66)及终止条件(9.67)的最后一个等式,可知

$$\psi_{n+1}(t) = -1,$$

从而,(9.65)转化为

$$\dot{\psi}_i - \sum_{j=1}^{n} \frac{\partial^2 F}{\partial X_i \partial X_j} \dot{X}_j = -\sum_{j=1}^{n} \left(\psi_j - \frac{\partial F}{\partial X_j} \right) \frac{\partial \varphi_j}{\partial X_i}, i=1,\cdots,n. \tag{9.68}$$

记

$$Z_i = \psi_i - \frac{\partial F}{\partial X_i}, i=1,\cdots,n, \tag{9.69}$$

则(9.68)化为

$$\dot{Z}_i = -\sum_{j=1}^{n} Z_j \frac{\partial \varphi_j}{\partial X_i}, i=1,\cdots,n. \tag{9.70}$$

利用(9.67)与(9.69),求得向量的终止条件为

$$Z(t_k) = \frac{\partial F(X(t_k), t_k)}{\partial X_i}. \tag{9.71}$$

这样,利用(9.69)及 $\psi_{n+1}(t) = -1$,可将哈密尔顿函数简化为

$$H = \sum_{j=1}^{n} Z_j [\varphi_j(X,t) + (Du)_j + V_j], \tag{9.72}$$

从而,它的条件数学期望 $E[H]$ 可化为

$$H = \sum_{j=1}^{n} E_y [Z_j(\varphi_j(X,t) + (Du)_j + V_j)]. \tag{9.73}$$

下面使用随机最大值原理. 显然,要使 $\hat{H}$ 关于控制变量 u_j ($j=1,\cdots,n$)达到最大值,须使 $\sum_{j=1}^{n} E_y [(Z^T D)_j] u_j$ 达到最大,故可推出

$$u_j = U_0 \mathrm{sgn}(E_y [(X^T D)_j]), j=1,\cdots,n, \tag{9.74}$$

其中,变量 $Z(t)$ 的条件数学期望 $E_y[Z]$ 由下式确定:

$$\hat{Z}(t) = \hat{\psi}_j(t) - E_y \left[\frac{\partial F(X,t)}{\partial X_j} \right], j=1,\cdots,n. \tag{9.75}$$

因此,要求解最优控制向量 $u(t)$,必须获得状态向量及伴随向量的估计值 $\hat{X}, \hat{\psi}$.

(3)列出状态估计方程及伴随函数估计方程及其边值条件

要获得状态向量的估计值 $\hat{X}$,必须已知状态向量 $X(t)$ 的先验概率分布. 若假设状态向量 $X(t)$ 的先验概率服从高斯分布,则可求出最优状态向量估计 $\hat{X}$ 的近似表达式. 状态向量的逼近最优估计方程

$$\dot{\hat{X}}_p = (Du)_p + \varphi_{p0}(\hat{X}, R, t) + \sum_{\rho, v=1}^{m} \sum_{q=1}^{n} \frac{\partial F_{\rho v}^*}{\partial \hat{X}_q} R_{pq}, \hat{X}_p(t_0) = m_p(t_0), \tag{9.76}$$

$$\dot{R} = G_{pq} + \sum_{i=1}^{n} (R_{ip} \frac{\partial \varphi_{q0}}{\partial \hat{X}_i} + R_{qi} \frac{\partial \varphi_{p0}}{\partial \hat{X}_i}) + \sum_{\rho,v=1}^{m} \sum_{q=1}^{n} \frac{\partial^2 F_{\rho v}^*}{\partial \hat{X}_i \partial \hat{X}_j} R_{pi} R_{qj}, R_{pq}(t_0)$$

$$= \theta_{pq}(t_0), p, q = 1, \cdots, n, \tag{9.77}$$

其中，$\dfrac{\partial F_{\rho v}^*}{\partial \hat{X}_q}$ 及 $\dfrac{\partial^2 F_{\rho v}^*}{\partial \hat{X}_i \partial \hat{X}_j}$ 由(9.60)确定. 它们的初始条件为在 $t = t_0$ 时的先验条件数学

期望即方差矩.

为了求出伴随函数的估计值 $\psi(t)$，对(9.68)两边取条件数学期望，得

$$\dot{\psi}_i = -\sum_{j=1}^{n} E_y \left[(\psi_j - \frac{\partial F}{\partial X_j}) \frac{\partial \varphi_j}{\partial X_i} + \frac{\partial^2 F}{\partial X_i \partial X_j} \dot{X}_j \right], i = 1, 2, \cdots, n, \tag{9.78}$$

将 φ_j 的统计线性化表达式代入上式，得

$$\dot{\psi}_i = -\sum_{j=1}^{n} \left\langle \hat{\psi}_j - E_y \left[\frac{\partial F}{\partial X_j} \right] \right\rangle \frac{\partial \varphi_{j0}}{\partial \hat{X}_i} - \sum_{j=1}^{n} E_y \left[\frac{\partial^2 F}{\partial X_i \partial X_j} \dot{X}_j \right], i = 1, 2, \cdots, n.$$

$$\tag{9.79}$$

(4)求解微分方程(9.76)、(9.79)的两点边值问题，获得最优闭环控制.

需要注意的是，此类最优控制问题通常只有数值解.

例 9.2.3　假设随机被控对象由下列微分方程表示

$$\begin{cases} \dot{X}_1 = a_{11}(t) X_1 + a_{12}(t) X_2 + u_1, & X_1(t_0) = X_{10}, \\ \dot{X}_2 = a_{21}(t) X_1 + a_{22}(t) X_2, & X_2(t_0) = X_{20} \end{cases},$$

量测方程为

$$Y_1(t) = X_1(t) + N(t),$$

式中，白噪声 $N(t) \in N(0, Q(t)\delta(t))$，要求确定最优控制向量 $u(t)$，满足限制条件 $|u(t)| \leqslant U_0$，且使代价函数 $F_0 = X_1^2(t_k)$ 的条件数学期望达到最小.

解　引入新的状态变量 $X_3(t)$

$$\dot{X}_3(t) = 2X_1, X_3(t_0) = X_{1_0}^2,$$

则由式(9.69)与式(9.74)可求得最优控制向量 $u_1(t)$ 为

$$u_1 = U \text{sgn}(\hat{\psi}_1 - 2\hat{X}_1).$$

下面需要进行伴随函数估计 ψ_1 和状态向量估计 $\hat{X}_1$. 由(9.79)，可得伴随函数估计方程

$$\begin{cases} \dot{\hat{\psi}}_1 = a_{11}\hat{\psi}_1 + a_{21}\hat{\psi}_2 + 2, & \hat{\psi}_1(t_k) = 0, \\ \dot{\hat{\psi}}_2 = a_{12}\hat{\psi}_1 + a_{22}\hat{\psi}_2, & \hat{\psi}_2(t_k) = 0 \end{cases},$$

状态向量估计可由线性最优滤波估计方程确定

$$\begin{cases} \dot{\hat{X}}_1 = a_{11}\hat{X}_1 + a_{12}\hat{X}_2 + u_1 + \dfrac{R_{11}}{Q}(Y_1 - \hat{X}_1), & \hat{X}_1(t_0) = m_{x10} \\ \dot{\hat{X}}_2 = a_{21}\hat{X}_1 + a_{22}\hat{X}_2 + \dfrac{R_{12}}{Q}(Y_1 - \hat{X}_1), & \hat{X}_2(t_0) = m_{x20} \end{cases},$$

其中,矩阵 $R(t)$ 的元素 $R_{11}(t)$, $R_{12}(t)$ 及 $R_{22}(t)$ 由下列方程组确定

$$\begin{cases} \dot{R}_{11} = 2a_{11}R_{11} + 2a_{12}R_{12} - \dfrac{1}{Q}(R_{11}^2 + R_{12}^2), R_{11}(t_0) = \theta_{11}(t_0) \\ \dot{R}_{12} = a_{21}R_{11} + a_{11}R_{12} + (a_{12} + a_{22})R_{22} - \dfrac{1}{Q}(R_{11}R_{12} + R_{12}R_{22}) \\ R_{12}(t_0) = \theta_{12}(t_0) \\ \dot{R}_{22} = 2a_{21}R_{12} + 2a_{22}R_{22} - \dfrac{1}{Q}(R_{12}^2 + R_{22}^2), R_{22}(t_0) = \theta_{22}(t_0) \end{cases}$$

联立求解上述伴随函数估计方程与线性最优滤波估计方程,可获得它们的估计值,从而求出最优控制向量 $u_1(t)$.

例 9.2.4　假设被控对象由下列一维随机非线性微分方程表示

$$\dot{X} = -2X_1^3 + u + V, X_1(t_0) = X_{10},$$

其中,白噪声 $V(t) \in N(0, G(t)\delta(t))$,初始状态的概率特性为

$$E[X_{10}] = 0, E[X_{10}^2] = \theta_0.$$

在时间区间 $[t_0, t_k]$ 内,量测方程为

$$Y_1(t) = X_1(t) + N(t),$$

其中,白噪声 $N(t) \in N(0, Q(t)\delta(t))$,且与 $V(t)$ 互不相关. 要求确定最优控制向量 $u(t)$,满足限制条件 $|u(t)| \leqslant U_0$,且使终止状态 $X_1(t_k)$ 平方的条件数学期望达到最小,即代价函数为

$$F(X_1(t_k)) = X_1^2(t_k).$$

解　引入新的状态变量 $X_2(t)$,满足

$$\dot{X}_2 = 2X_1(2X_1^3 + u + V), X_2(t_0) = X_1^2(t_0),$$

定义哈密尔顿函数

$$H = (\psi_1 - 2X_1)(2X_1^3 + u + V).$$

利用(9.74),求出最优控制向量 $u(t)$ 为

$$u = U_0 \mathrm{sgn}[\hat{\psi}_1(t) - 2\hat{X}_1(t)].$$

下面需要获得伴随函数估计 $\hat{\psi}_1$ 和状态向量估计 $\hat{X}_1$. 由(9.79),可得到伴随函数估计方程为

$$\dot{\hat{\psi}} = 6(\hat{\psi}_1 - 2\hat{X}_1)R + 2\hat{X}_1, \hat{\psi}(t_k) = 0.$$

由于被控对象是非线性的,为了获得状态估计 $Y_1(t)$,必须使用统计线性化方法,获得状态方程的统计线性化方程,然后使用逼近最优状态估计算法,即

$$\dot{\hat{X}}_1 = u + 6R\hat{X}_1 + \frac{R}{Q}(Y_1 - \hat{X}_1), \hat{X}_1(t_0) = 0,$$

$$\dot{R} = G + (12 - \frac{1}{q})R^2, R(t_0) = \theta_0,$$

联立求解上述伴随函数估计和状态向量估计方程,可得伴随函数估计 $\hat{\psi}_1$ 和状态向量估计 $\hat{X}_1$,从而求出最优控制向量 $u(t)$.

9.2.4　最小能量控制问题

随机最优控制的第三种类型为最小能量控制,即使用积分形式的准则函数

$$F_0 = \int_{t_0}^{t_k} q(X(t), u(t), t)dt. \tag{9.80}$$

本节假设状态方程与量测方程分别为(9.45)与(9.2). 要求确定最优控制向量 $u(t)$,满足限制条件 $|u(t)| \leqslant U_0$,且在时间区间 $[t_0, t_k]$ 内将被控对象从初始状态 $X(t_0)$ 转移指定的终止状态 $X(t_k) = X_k$,并使准则函数 F 的条件数学期望 $E_y[F]$ 达到最小.

假设它的初始条件 $X(t_0)$ 与终止条件 $X(t_x) = X_k$ 的某些概率特性已知. 例如

$$\begin{cases} E[X_0^T X_0] = m_{X_0}^T m_{X_0} + \theta_0 \\ E[X_k^T X_k] = m_{X_k}^T m_{X_k} + \theta_k \end{cases}. \tag{9.81}$$

下面,我们使用随机最大值原理来求解最优控制向量 $u(t)$. 求解过程类似于随

机最优控制的前两种类型,同样分为如下 4 步:

(1)转化为标准优化问题

引进新的状态变量 $X_{n+1}(t)$,满足

$$\dot{X}_{n+1}=q(X(t),u(t),t),X_{n+1}(t_0)=0, \tag{9.82}$$

对上式两边在时间区间 $[t_0,t_k]$ 内求定积分,得

$$X_{n+1}(t_k)=F_0=\int_{t_0}^{t_k}q(X(t),u(t),t)dt.$$

定义庞特利亚金泛函

$$P(t_k)=X_{n+1}(t_k)+\sum_{i=1}^{n}(X_i(t_k)-X_{ki}), \tag{9.83}$$

从而最小能量控制问题转化为求解最优控制向量 $u(t)$,满足限制条件 $|u_i|\leqslant U_0$,使庞特利亚金泛函 $P(t)$ 的条件数学期望 $E_y[P(t_k)]$ 达到最小值.

(2)求最优控制向量 $u(t)$

定义哈密尔顿函数

$$H=\psi_{n+1}q(X,u,t)+\sum_{i=1}^{n}\psi_i(\varphi_i(X,t)+(Du)_i+V_i). \tag{9.84}$$

为了求出哈密尔顿函数条件数学期望 $E_y[H]$ 的具体表达式,首先直接使用伴随方程,使用伴随估计方程来对哈密尔顿函数进行化简,因为满足伴随方程的函数的估计值是伴随估计方程,伴随函数应满足下列微分方程

$$\begin{cases} \dot{\psi}_i=-\sum_{j=1}^{n}\psi_j\frac{\partial\varphi_j}{\partial X_i}-\psi_{n+1}\frac{\partial q}{\partial X_i}, & \psi_i(t_k)=-\lambda_i,i=1,\cdots,n \\ \dot{\psi}_{n+1}=0, & \psi_{n+1}(t_k)=-1 \end{cases} \tag{9.85}$$

由(9.85)的第 2 个方程,可知

$$\psi_{n+1}=-1,$$

将上式代入(9.84),并两边求条件数学期望,得哈密尔顿函数的条件数学期望为

$$\hat{H}=\sum_{i=1}^{n}E_y[\psi_i(\varphi_i(X,t)+(Du)_i+V_i)]+E_y[q(X,u,t)].$$

下面利用随机最大值原理求最优控制器 $u(t)$. 我们分两种情况讨论:

①当控制向量 $u(t)$ 在区域 U_0 内部变化,即满足 $|u_t|\leqslant U_0(t=1,\cdots,r)$ 时,对哈密尔顿函数的条件数学期望 $E_y[H]$ 关于时间 t 求导数,并令其为 0,即可求出最优控制 $u(t)$,即

$$\frac{\partial \hat{H}}{\partial u_i} = \hat{\psi}_i - \frac{\partial}{\partial u_i} E_y[q(X,u,t)] = 0, i=1,2,\cdots,n, \tag{9.86}$$

得

$$u_i = v_i(\hat{X}, \hat{\psi}, t).$$

②当控制向量 $u(t)$ 达到或超过区域 U_0 边界时,此时哈密尔顿函数的条件数学期望 $E_y[H]$ 的最大值应在控制向量区域 U_0 边界上取得,从而求出最优控制器为 $u_i = \pm U_{0i}$,它的符号与函数 v_i 的符号相同.

综合以上两种情况,最优控制向量可表示为

$$u_i = \begin{cases} v_i(\hat{X}, \hat{\psi}, t) & |v_i| \leqslant U_i \\ U_i \operatorname{sgn} v_i & |v_i| > U_i, i=1,\cdots,n \end{cases}. \tag{9.87}$$

显然,要求解最优控制向量 $u(t)$,还必须获得状态向量及伴随向量的估计值 $\hat{X}(t), \hat{\psi}(t)$.

(3)列出状态估计方程及伴随函数估计方程以及边值条件

为了求伴随向量的估计值 $\hat{\psi}(t)$,对(9.85)两边求条件数学期望,得

$$\dot{\psi}_i = -\sum_{j=1}^{n} E_y\left[\psi_j \frac{\partial \varphi_j(X,t)}{\partial X_i}\right] + E_y\left[\frac{\partial q(X,u,t)}{\partial X_i}\right],$$

$$\dot{\psi}_i(t_k) = -\lambda_i, i=1,\cdots,n,$$

将 $\varphi(X,t)$ 的统计线性化函数代入上式,得伴随向量的逼近估计方程

$$\dot{\psi}_i = -\sum_{j=1}^{n} \hat{\psi}_j \frac{\partial \varphi_{j0}}{\partial \hat{X}_i} + E_y\left[\frac{\partial q(X,u,t)}{\partial X_i}\right],$$

$$\dot{\psi}_i(t_k) = -\lambda_i, i=1,\cdots,n. \tag{9.88}$$

求于状态估计 $\hat{X}(t)$,使用高斯通近非线性最优估计方法确定,它的估计方程(9.76)及(9.77).

(4)求解微分方程

通过联立求解状态估计及伴随函数估计方程,可获得估计值 $\hat{X}(t), \hat{\psi}(t)$,从而求出最优控制向量 $u(t)$.

注意,这里仍然需要求解微分方程两点边值问题.因此,它通常只有数值解.

例 9.2.5 假设随机状态方程为

$$\dot{X} = -3X + 2u + V, X(t_0) = 0, X(t_k) = 1,$$

其中,白噪声 $V(t) \in N(0, G(t)\delta(t))$,初始状态的概率特性为

$$E[X_{10}] = 0, E[X_{10}^2] = \theta_0,$$

量测方程为

$$Y(t) = X(t) + N(t),$$

其中,白噪声 $N(t) \in N(0, Q(t)\delta(t))$,且与 $V(t)$ 互不相关. 要求确定最优控制向量 $u(t)$,满足限制条件 $|u(t)| \leqslant U_0$,在时间区间 $[t_0, t_k]$ 内将系统从初始状态 $X(t_0)$ 转移到终止状态 $X(t_k)$,并使下列代价函数 F_0 的条件数学期望达到最小:

$$F_0 = \int_{t_0}^{t_k} (X^2(\tau) + u^2(\tau)) d\tau.$$

解　引入新的状态变量 $X_2(t)$,满足

$$\dot{X}_2 = X_1^2 + u^2, X_2(t_0) = 0,$$

将原状态方程重新表示为

$$\dot{X}_1 = -3X_1 + 2u + V, X(t_0) = 0, X_1(t_0) = 0.$$

定义庞特利亚金泛函

$$\pi(t_k) = X_2(t_k) + \lambda_1 X_1(t_k),$$

从而此能量最小控制问题转化为求解最优控制向量 $u(t)$,满足限制条件 $|u(t)| \leqslant U_0$,使庞特利亚金泛函的条件数学期望 $E_y[\pi(t_k)]$ 达到最小值.

下面利用随机最大值原理来求. 定义哈密尔顿函数

$$H = \psi - 1(-3X_1 + 2u + V) + \psi_2(X_1^2 + u^2),$$

由 (9.83),可得伴随方程

$$\begin{cases} \dot{\psi} = 3\psi_1 + 2X_1, & \psi_1(t_k) = -\lambda_1 \\ \dot{\psi} = 0, & \psi_2(t_k) = -1 \end{cases}.$$

由上述方程的第 2 式,立即求出 $\psi_2(t) = -1$. 进一步,由 (9.87),可求得最优控制器

$$u = \begin{cases} \hat{\psi}_1, & |\psi_1| \leqslant U \\ U \operatorname{sgn} \hat{\psi}_1, & |\psi_1| > U \end{cases}.$$

接下来,利用 (9.76)、(9.77) 与 (9.86),列出状态估计方程与伴随函数估计方程

$$\dot{\hat{\psi}}_1 = 3\hat{\psi}_1 + 2X_1, \hat{\psi}_1(t_k) = -\lambda_1,$$

$$\dot{\hat{x}}_1 = -3\hat{X}_1 + \frac{R}{Q}(Y - \hat{X}_1) + 2u, \hat{X}_1(t_0) = 0,$$

$$\dot{R} = -6R - R^2\frac{1}{Q} + G, R(t_0) = 0,$$

联立求解上述微分方程两点边值问题,并使用条件 $X(t_k) = 1$,可求出待定参数 λ_1,从而获得最优控制器 $u(t)$.

§9.3   随机最大值原理证明

9.3.1   必要条件的证明

确定性最优控制的必要性条件已由庞特利亚金在 1958 年给出了证明. 随机最优控制的必要性条件证明比确定性的情形要复杂,主要原因是在随机最优控制中,它的代价函数是随机值,必须取统计平均值. 证明的难点类似于确定性的情形,不是由于使用了随机最大值原理,而是由于控制及状态向量的约束条件的影响. 在没有终止状态限制条件的情况下,其必要性条件证明最简单.

下面,在固定控制时间及无终止状态限制条件的情况下给出随机最大值原理必要性条件的证明.

使用第一节的方法,通过引入新的状态变量将随机系统最优控制问题转化为统一的标准优化问题,即它的扩展状态方程为

$$\dot{X} = f(X, u, V, t), X(t_0) = X_0, \tag{9.89}$$

其中,$X = \begin{bmatrix} X_1 \\ \vdots \\ X_{n+1} \end{bmatrix}$ 为 $n+1$ 维扩展状态向量,$f = \begin{bmatrix} f_1 \\ \vdots \\ f_{n+1} \end{bmatrix}$,$f_i(i=1, \cdots, n+1)$ 为连续函

数且关于 X 是可微的,控制时间 $T = t_k - t_0$ 固定,终止状态向量 $X_1(t_k)$ 不受约束. 量测方程同(1.2).

控制目的:要求确定 r 维分段连续的最优控制向量 $u(t)$,满足限制条件 $u(t) \in U_0$

使庞特利亚金泛函的条件数学期望 $E_y[\pi(t_k)]$ 达到最小值,其中,

$$\hat{\pi}(t_k)=\hat{X}_{n+1}(t)=E[X_{n+1}(t)\mid Y(\tau),t_0\leqslant\tau\leqslant t_l]. \tag{9.90}$$

定义哈密尔顿函数

$$\hat{H}(\hat{X},u,\hat{\psi},t)=\sum_{i=1}^{n+1}M[\psi_i f_i Y(\tau),t_0\leqslant\tau\leqslant t_l], \tag{9.91}$$

其中,伴随函数 $\psi_i(t)$ 满足方程

$$\dot{\psi}_i=-\sum_{j=1}^{n+1}\psi_j\frac{\partial f_i}{\partial X_i},i=1,\cdots,n+1, \tag{9.92}$$

终止条件

$$\psi_i(t_k)=0(i=1,\cdots,n+1),\psi_{n+1}(t_k)=-1.$$

必要性条件:在控制时间区间 (t_0,t_k) 内,存在最优控制向量 $u(t)$,满足限制条件 $u(t)\in U_0$,使庞特利亚金泛函的条件数学期望 $\hat{\pi}(t_k)$ 达到最小值的必要条件是在控制时间区间 (t_0,t_k) 内,存在最优控制向量 $u(t)$,满足限制条件 $u(t)\in U_0$,使哈密尔顿函数的条件数学期望 $\hat{H}$ 达到最大值或上确界.

证明　此问题证明的最大难点在于控制向量的容许差分 δu 必须满足 $u+\delta u\in U_0$. 庞特利亚金通过使用控制向量的针状差分有效地解决了此难点. 通过它可以构造必要的条件极值;而且,还可以使用它来证明对于任意的闭控制区域 U_0,随机最大值原理都是正确的.

假设 $u^*(t)$ 是最优控制向量, $x^*(t)$ 为相应的最优状态向量, $u(t)$ 为任一可容许的控制向量. 最优控制向量 $u^*(t)$ 的分量 $u_j^*(t)$ 在 (t_0,t_k) 内是分段连续的. 庞特利亚金考虑在无穷小区间 (τ_ε,τ) 内,构造控制向量

$$u_\varepsilon(t)=\begin{cases}u(t),t\in(\tau_\varepsilon,\tau)\\u^*(t),其他\end{cases},$$

这种控制向量 $u_\varepsilon(t)$ 称为针状的.

这里没有要求变分 $\delta u_j(t)=u_j(t)-u_j^*(t)$ 无穷小,但要求 $u(t)$ 必须满足限制条件 $u(t)\in U_0$. 不管 δu_j 的取值如何,但它对控制向量的增量 $\delta u_j\cdot\varepsilon$ 及被控对象的特性的影响都是无穷小的. 这从物理方面很容易解释. 因此,在无穷小区间 (τ_ε,τ) 内, $u_\varepsilon(t)$ 的控制与控制 $u^*(t)$ 是完全不同的. 定义状态向量的差分为

$$\delta X_i(t) = X_i(t) - X_i^*(t),$$

则有

$$\delta x_i(\tau) = \delta x_i(\tau_\varepsilon) = \frac{d\delta x_i(t)}{dt}\Big|_{t=\tau} \cdot \varepsilon.$$

由于当 $t \in (\tau_\varepsilon, \tau)$ 时，有 $u_\varepsilon(t) = u(t)$，因此，在时刻 $t = \tau - \varepsilon$，有

$$X_i(\tau - \varepsilon) = X_i^*(\tau - \varepsilon),$$

从而 $\delta X_i(\tau - \varepsilon) = 0$. 故

$$\delta x_i(\tau) = \frac{d\delta x_i(t)}{dt}\Big|_{t=\tau} \cdot \varepsilon$$

$$= \Big[\frac{dX_i(t)}{dt}\Big|_{t=\tau} - \frac{dX_i^*(t)}{dt}\Big|_{t=\tau}\Big] \cdot \varepsilon$$

$$= [f_i(X(\tau), u(\tau), V(\tau), \tau) - f_i^*(X^*(\tau), u^*(\tau), V(\tau), \tau)] \cdot \varepsilon$$

$$(i = 1, \cdots, n). \tag{9.93}$$

这个差分为无穷小，将它作为以后差分运动方程的初始条件. 由于此原因，所有接下来的运动状态 $X_i(t)$ 将与 $X^*(t)$ 相差无穷小.

由于当 $t > \tau$ 时，有

$$X(t) = X^*(t) + \delta X(t), u(t) = u^*(t),$$

将它代入(9.89)，得

$$\frac{d\delta X_i}{dt} + \frac{dX_i^*}{dt} = f_i(X^* + \delta X, u^*, V, t), i = 1, \cdots, n \tag{9.94}$$

对(9.94)右边进行泰勒展开，取前两项，得

$$\frac{d\delta X_i}{dt} + \frac{dX_i^*}{dt} = f_i(X^*, X, u^*, V, t) + \sum_{j=1}^{n+1} \frac{\partial f_i(X^*, u^*, V, t)}{\partial X_j^*} \delta X_j, i = 1, \cdots, n,$$

将(9.89)代入上式，得

$$\frac{d\delta X_i}{dt} = \sum_{j=1}^{n+1} \frac{\partial f_i(X^*, u^*, V, t)}{\partial X_j^*} \delta X_j, i = 1, \cdots, n. \tag{9.95}$$

如果用时刻 τ 的差分值 $\delta X(\tau)$ 作为初始条件，对上式求积分，可获得状态向量的差分 $\delta X_i(t)$.

下面，在差分 δu 及 δX 的作用下，我们给出庞特利亚金泛函的条件数学期望的差分 $\delta \hat{E}(t_k)$ 为

$$\delta\hat{E}(t_k)=\delta\hat{X}_{n+1}(t_k), \tag{9.96}$$

这里 $\delta\hat{X}_{n+1}(t_k)$ 不需要通过(9.95)来求解. 事实上,可以通过计算下列差分的微分得到. 由于

$$\sum_{j=1}^{n+1}E[\psi_i(t)\delta X_i(t)\mid Y(\tau),t_0\leqslant\tau\leqslant t]=\sum_{j=1}^{n+1}E_y[\psi_i(t)\delta X_i(t)],$$

其中,

$$E_y[Z(t)]=E[Z(t)\mid Y(\tau),t_0\leqslant\tau\leqslant t],$$

对上式两边微分,得

$$\frac{d}{dt}\sum_{j=1}^{n+1}E[\psi_i(t)\delta X_i(t)]=\sum_{j=1}^{n+1}\{E_y[\dot{\psi}_i(t)\delta X_i(t)]+E_y[\psi_i(t)\delta\dot{X}_i(t)]\}. \tag{9.97}$$

将(9.92)及(9.95)分别代入(9.97)的右边,得

$$\frac{d}{dt}\sum_{j=1}^{n+1}E[\psi_i(t)\delta X_i(t)]=-\{\sum_{i,j=1}^{n+1}E_y[\psi_j\frac{\partial f_i}{\partial X_i}\delta X_i(t)]+\sum_{i,j=1}^{n+1}E_y[\psi_i(t)\frac{\partial f_i}{\partial X_i}\delta X_i(t)]\}$$
$$=0.$$

因此,在 $t\in(\tau,t_k)$ 内,

$$\sum_{j=1}^{n+1}E_y[\psi_i(t)\delta X_i(t)]=常数. \tag{9.98}$$

利用(9.92)的终止条件,得

$$\sum_{i=1}^{n+1}E_y[\psi_i(\tau)\delta X_i(\tau)]=\sum_{i=1}^{n+1}E_y[\psi_i(t_k)\delta X_i(t_k)]$$
$$=-\delta\hat{X}_{n+1}(t_k). \tag{9.99}$$

这样,由(9.96),可以计算 $\delta\hat{\pi}(t_k)=\delta\hat{X}_{n+1}(t_k)$ 为

$$\delta\hat{X}_{n+1}(t_k)=-\sum_{i=1}^{n+1}E_y[\psi_i(\tau)\delta X_i(\tau)]. \tag{9.100}$$

将(9.93)代入(9.101),得

$$\delta\hat{X}_{n+1}(t_k)=-\varepsilon\sum_{i=1}^{n+1}E_y[\psi_i(\tau)f_i(X(\tau),u(\tau),V(\tau),\tau)$$
$$-\psi_i(\tau)f_i(X^*(\tau),u^*(\tau),V(\tau),\tau)]. \tag{9.101}$$

由于 τ 可以取时间区间 (t_0,t_k) 的任意时刻 t,因此,(9.101)对于任意时刻 t 都正确.

将哈密尔顿函数代入(9.101),化简得

$$\delta \hat{X}_{n+1}(t_k) = -\varepsilon [\hat{H}(\hat{X}, u, \hat{\psi}, t) - \hat{H}(\hat{X}^*, u^*, \hat{\psi}, t)]. \qquad (9.102)$$

因最优控制向量 $u^*(t)$ 能确保庞特利亚金泛函的条件数学期望 $\pi(t_k) = \hat{X}_{n+1}(t_k)$,故对于任意其他容许的控制向量 $u(t)$,$\hat{X}_{n+1}(t_k)$ 的值总是比庞特利亚金泛函的条件数学期望在最优控制 $u^*(t_k)$ 的取值大,故

$$\delta \hat{X}_{n+1}(t_k) \leqslant 0, \qquad (9.103)$$

从而,由(9.102)可知

$$\hat{H}(\hat{X}^*, u^*, \hat{\psi}, t) \geqslant \hat{H}(\hat{X}, u, \hat{\psi}, t) \qquad (9.104)$$

这样,我们就证明了存在最优控制向量 $u^*(t)$ 使泛函 $\hat{\pi}(t_k) = \hat{X}_{n+1}(t_k)$ 达到最小值的必要条件是存在最优控制向量 $u^*(t)$,使哈密尔顿函数的条件数学期望 $\hat{H}$ 达到最大.对于另外情况下的最大值原理必要性的证明,与此方法类似,但要复杂.

9.3.2 充分条件的证明

上一节证明了随机最大值原理的必要性条件.若被控对象是线性的,且控制具有可加性,随机最大值原理能确保随机最优控制的条件是充分的,从而,它是充要条件.同样,我们只给出在固定控制时间且控制向量终止状态无约束情况下的充分条件的证明.

假设被控对象的标准随机状态模型与量测模型同上一节.记容许控制向量的差分为 δu,由(9.89)可知,状态向量的差分 δY 应满足

$$\dot{X} = f(X^* + \delta X^*, u^* + \delta u, V, t) - f(X^*, u^*, V, t), \delta X(t_0) = 0. \quad (9.105)$$

下面,我们利用差分 δu 及 δX,计算庞特利亚金泛函的条件数学期望的差分 $\delta \hat{\pi}(t_k)$.

根据等式

$$\frac{d}{dt} \sum_{i=1}^{n+1} E_y[\psi_i \delta X_i(t)] = \sum_{i=1}^{n+1} \{E_y[\dot{\psi}_i \delta X_i(t)] + E_y[\psi_i \delta \dot{X}_i(t)]\}, \quad (9.106)$$

在时间区间 $[t_0, t_k]$ 内,对上式两边求积分,得

$$\left\{ \sum_{i=1}^{n+1} E_y[\psi_i \delta X_i] \right\}_{t_0}^{t_k} = \int_{t_0}^{t_k} E_y[\psi_i(t)(f_i(X^* + \delta X^*, u^* + \delta u, V, t))$$

$$-f_i(X^*, u^*, V, t)]dt + \int_{t_0}^{t_k} \sum_{i=1}^{n+1} E_y \overline{\dot{\psi}}_i \delta X_i(t)]dt.$$

$$(9.107)$$

由于 $\delta X(t_0)=0$ 及 $\psi_i(t_k)=0$ $(i=1,2,\cdots,n)$，$\psi_{n+1}(t)=-1$，则(9.107)的左边化为

$$\left\{\sum_{i=1}^{n+1} E_y[\psi_i \delta X_i]\right\}_{t_0}^{t_k} = \sum_{i=1}^{n+1} E_y[\psi_i(t_k)\delta X_i(t_k) - \psi_i(t_0)\delta X_i(t_0)]$$

$$= -\delta \hat{X}_{n+1}(t_k).$$

对 $f_i(X^* + \delta X^*, u^* + \delta u, V, t)$ 泛函在 X^* 进行泰勒展开，并取前两项，得

$$f_i(X^* + \delta X^*, u^* + \delta u, V, t)$$

$$= f_i(X^*, u^* + \delta u, V, t) + \sum_{i=1}^{n+1} \frac{\partial f_i(X^*, u^* + \delta u, V, t)}{\partial X_j^*} \delta X_j$$

$$+ \sum_{i,j=1}^{n+1} \frac{1}{2} \frac{\partial^* f_i(X^* + \theta \delta X, u^* + \delta u, V, t)}{\partial X_j^* \partial X_k^*} \delta X_j \delta X_k. \quad (9.108)$$

将(9.108)及(9.92)代入(9.107)，化简得

$$\delta \hat{X}_{n+1}(t_k) = -\sum_{i=1}^{n+1} E_y[\psi_i(t)(f_i(X^*, u^* + \delta u, V, t))$$

$$- \psi_i(t)f_i(X^*, u^*, V, t)]dt - \beta, \quad (9.109)$$

其中，

$$\beta = \int_{t_0}^{t_k} \left\{ \sum_{i=1}^{n+1} E_y \left[\psi_i(t) \left(\frac{\partial f_i(X^*, u^* + \delta u, V, t)}{\partial X_i^*} - \frac{\partial f_i(X^*, u^*, V, t)}{\partial X_i^*} \right) \delta X_i \right] \right.$$

$$+ \frac{1}{2} \sum_{i,j,k=1}^{n+1} E_y \left[\psi_i(t) \frac{\partial^2 f_i(X^* + \theta \delta X, u^* + \delta u, V, t)}{\partial X_j^* \partial X_k^*} \right] \right\} dt.$$

利用(9.91)，进一步，(9.109)可化简为

$$\delta \hat{X}_{n+1}(t_k) = -\int_{t_0}^{t_k} \{\hat{H}(\hat{X}^*, u^* + \delta u, V, t) - \hat{H}(\hat{X}^*, u^*, V, \bar{t})\}dt - \beta.$$

$$(9.110)$$

若被控对象是线性的，即 $f_i(i=1,\cdots,n)$ 可表示为

$$f_i(X, u, V, t) = \sum_{j=1}^{n} a_{ij}(t)X_i + u_i + V_i, i=1,\cdots,n.$$

将其代入 β，得 $\beta=0$. 这样，对于线性系统，(9.110)转化为

$$\delta X_{n+1}(t_k) = -\int_{t_0}^{t_k} \{\hat{H}(\hat{X}^*, u^* + \delta u, \hat{\psi}, t) - \hat{H}(\hat{X}^*, u^*, \hat{\psi}, t)\} dt. \quad (9.111)$$

由于(9.111)可知,若 $\hat{H}$ 在最优控制 u^* 取得最大值,即

$$\hat{H}(\hat{X}^*, \hat{u}^*, \hat{\psi}, t) \geqslant \hat{H}(\hat{X}^*, \hat{u}^* + \delta u, \hat{\psi}, t),$$

则

$$\delta\hat{X}_{n+1}(t_k) \geqslant 0,$$

从而,$\hat{E}(t_k) = \hat{X}_{n+1}(t_k)$ 在最优控制 u^* 取得极小值.

证毕.

参考文献

一、中文部分

[1]张金水.广义系统经济控制论[M].清华大学出版社，1990.

[2]龚德恩.经济控制论[M].高等教育出版社，2009.

[3]乌家培.经济控制论[J].国外社会科学，1984(10):52—53.

[4]王晶.经济控制论[M].科学出版社，2008.

[5]张金水.经济控制论[M].清华大学出版社，1999.

[6]苏汝.经济控制论[M].人民出版社，1994.

[7]黄国石.经济控制论[M].厦门大学出版社，1994.

[8]冯德田.经济控制论[M].石油大学出版社，1992.

[9]张钟俊.经济控制论[M].西北电讯工程学院出版社，1992.

[10]科布林斯基，周呈书.经济控制论[M].上海人民出版社，1990.

[11]马内亚·曼内斯库.经济控制论[M].中国社会科学出版社，1989.

[12]茹少峰.数理经济学[M].科学出版社，2014.

[13]李勇.数理经济学[M].西南财经大学出版社，2013.

[14]郭多祚.数理经济学[M].清华大学出版社，2012.

[15]张金水.数理经济学[M].清华大学出版社，1998.

[16]R. G. D. Allen.数理经济学[M].中华书局，1994.

[17]艾伦. R. G. D. 数理经济学[M].商务印书馆，1990.

[18]戴维·罗默.高级宏观经济学(第二版)[M].上海财经大学出版社，2003.

[19]崔殿超.高级宏观经济学动态分析基础[M].中国财政经济出版社，2008.

[20]周爱民.高级宏观经济学[M].经济管理出版社，2001.

[21]王翼. 离散控制系统[M]. 科学出版社，1987.

[22]孙增圻. 系统分析与控制[M]. 清华大学出版社，1994.

[23]吴受章. 最优控制理论与应用[M]. 机械工业出版社，2008.

[24]曾祥金. 经济控制论基础[M]. 科学出版社，1995.

[25]张钟俊. 经济控制论:控制理论在经济管理中的应用[M]. 西安电子科技大学出版社，1991.

[26]奇安，Chiang. 数理经济学的基本方法[M]. 湘潭大学经济系，1983.

[27]杨小凯. 数理经济学基础[M]. 国防工业出版社，1985.

[28]袁志刚，宋铮. 高级宏观经济学. 第2版[M]. 复旦大学出版社，2010.

[29]高山晟，魏权龄等. 经济学中的分析方法[M]. 中国人民大学出版社，2013.

[30]刘起运. 宏观经济系统的投入产出分析[M]. 中国人民大学出版社，1900.

[31]邓英淘. 动态经济系统的调节与演化[M]. 四川人民出版社，1985.

[32]张金水. 确定性动态系统经济控制论[M]. 清华大学出版社，1989.

[33]高洪深. 经济系统分析导论[M]. 中国审计出版社，1998.

[34]王伟. 广义预测控制理论及其应用[M]. 科学出版社，1998.

[35]胡寿松，王执铨，胡维礼. 最优控制理论与系统. 第2版[M]. 科学出版社，2005.

[36]龚六堂. 动态经济学方法[M]. 北京大学出版社，2002.

[37]邹恒甫. 财政、经济增长和动态经济分析[M]. 北京大学出版社，2000.

[38]童光荣. 动态经济模型分析[M]. 武汉大学出版社，1999.

[39]龚德恩. 动态经济学:方法与模型[M]. 中国人民大学出版社，1990.

[40]常大勇. 经济管理数学模型[M]. 北京经济学院出版社，1996.

[41]张石生. 变分不等式及其相关问题[M]. 重庆出版社，2008.

[42]涅姆钦诺夫. 经济数学方法和模型[M]. 商务印书馆，1980.

[43]乌家培. 经济数学方法研究[M]. 生活·读书·新知三联书店，1983.

[44]龚六堂. 经济学中的优化方法[M]. 北京大学出版社，2000.

[45]林恩武. 宏观经济模型的数学方法[M]. 福建人民出版社，1985.

[46]潘介人. 宏观经济模型的解析[M]. 上海交通大学出版社，1995.

[47][加]蒙代尔，R. A. 等. 蒙代尔经济学文集:国际宏观经济模型[M]. 中国金

融出版社,2003.

［48］刘婷婷,吴保卫,曹艳,2013,线性连续系统的半稳定性,纺织高校基础科学学报,26：125－129.

二、外文部分

［1］Q. Hui,W. M. Haddad,2008,Distributed nonlinear control algorithms for network consensus,Automatica,44：2375－2381.

［2］W. M. Haddad,V. Chellaboina,2008,Nonlinear Dynamical Systems and Control：A Lyapunov-Based Approach,Princeton University Press,Princeton,NJ.

［3］D. S. Bernstein,S. P. Bhat,1995,Lyapunov stability,semistability,and asymptotic stability of matrix second－order systems,ASME J. Vib. Acous. .117：145－153.

［4］S. P. Bhat,D. S. Bernstein,2003,Nontangency-based Lyapunov tests for convergence and stability in systems having a continuum of equilibra,SIAM J. Control Optim. ,42：1745－1775.

［5］S. P. Bhat,D. S. Bernstein,2010,Arc-length-based Lyapunov tests for convergence and stability with applications to systems having a continuum of equilibria,Math. Control Signals Syst. ,22：155－184.

［6］Q. Hui,W. M. Haddad,S. P. Bhat,2008,Finite-time semistability and consensus for nonlinear dynamical networks,IEEE Trans. Autom. Control,53：1887－1900.

［7］Q. Hui,2011,Optimal semistable control for continuous-time linear systems,Systems & Control Letters,60：278－284.

［8］R. Qlfati-Saber,R. M. Murray,2004,Consensus problems in networks of agents with switching topology and time-delays,IEEE Trans. Autom. Control,49：1520－1533.

［9］Andrea L'Afflitto,Wassim M. Haddad,Qing Hui,2015,"Optimal control for linear and nonlinear semistabilization",Journal of The Franklin Institute,352：

851—881.

[10]L. Vu, 2008, A fundamental problem in multiagent networks: consensus with imperfect information, Dept. Aero. Astro. , Univ. Washington, Seattle, WA, Tech. Rep.

[11]A. Jadbabaie, J. Lin, A. S. Morse, 2003, Coordination of groups of mobile autonomous agents using nearest neighbor rules, IEEE Trans. Autom. Control, 48: 988—1001.

[12]W. M. Haddad, Q. Hui, V. Chellaboina, 2007, $\mathcal{H}_2$ optimal semistable control for linear dynamical systems: an LMI approach, in: Proc. IEEE Conf. Decision Control, New Orleans, LA: 456—469.

[13]S. P. Bhat, D. S. Bernstein, 1999, Lyapunov analysis of semistability, in: Proc. Amer. Control Conf. , San Diego, CA: 1608—1612.

[14]D. S. Bernstein, 2009, Matrix Mathematics, 2nd ed. , Princeton Univ. Press, Princeton, NJ.

[15]Q. Hui, Z. Liu, Semistability-based robust and optimal control design for network systems, 2012, in Proceedings of the IEEE Conference on Decision Control, Maui, HI: 7049—7054

[16]Q. Hui, Z. Liu, A semistability/semidetectability approach to semistable mathcalH_2 and mathcal H_∞ control problems, 2011, in: 49th Annual Allerton Conference on Communication, Control, Computing, Monticello, IL: 566—571.

后　记

　　借鉴目前已出版的经济控制论类书籍,同时结合自己多年的经济控制论课程教学经验,编撰了这么一本深入浅出的经济控制论教材.希望以浅显易懂的文字引导财经类专业学生了解经济系统的定量性控制,也为控制类专业学生提供经济应用场景和实例.参与本书编撰的有:郭阿珍、刘瑾、何岸、郝刚、冯学宁、王震、张树强、顾佳赟、刘诚霖等,他们为此付出了很多时间,在此对他们表示衷心的感谢.

叶玉全

2019 年 3 月